14.80

Peter Köster

SUCHET MEIN ANGESICHT

Peter Köster

Suchet mein Angesicht

Vom Wort zum Schweigen –
Ein Weg zur Kontemplation

echter

IMPRIMI POTEST
Köln, den 24. August 1988
Alfons Höfer S.J.
Praep. Prov. Germ. Sept.

CIP-Titelaufnahme der Deutschen Bibliothek

Köster, Peter:
Suchet mein Angesicht : Vom Wort zum Schweigen – Ein Weg zur Kontemplation / Peter Köster. – Würzburg : Echter, 1989
ISBN 3-429-01194-9

Mitglied der Verlagsgruppe »engagement«

Umschlag: Ernst Loew
Gesamtherstellung: Echter Würzburg
Fränkische Gesellschaftsdruckerei und Verlag GmbH
ISBN 3-429-01194-9

Inhalt

*»Was die Welt vor allem braucht,
sind nicht Menschen, die mit mehr oder
weniger großer Regelmäßigkeit
Gebete sprechen, sondern Menschen,
die Gebet geworden sind.«*

Kallistos Ware

Vorwort

Abba Josephos mit dem Beinamen Dioratikós hatte die Gabe, den göttlichen Funken im anderen zu sehen und mit dem göttlichen Feuer in Verbindung zu bringen. Er kam in Fühlung mit dem, was im anderen wirklich lebte – oft verborgen auf dem Grund seines Herzens. Er durchschaute den frommen Schein und berührte die tiefste Sehnsucht im Menschen. Er hatte erfahren, daß es besser ist, seine eigene Schwachheit zu kennen als die Engel zu schauen.

Als ihm eines Tages ein junger Bruder gestand, er habe alle Hoffnung aufgegeben, ein geistlicher Mensch zu werden, sagte Abba Josephos zu ihm: Glaube daran, daß etwas in dir ist, das darauf wartet, befreit und lebendig zu werden. Es gibt nichts, das böse und der Liebe unwürdig wäre. Auch die Triebe des Menschen sind nicht böse. Mache aus ihnen einen »Esel für Gott«. Da wurde der junge Bruder mit seiner tiefsten Schwachheit versöhnt, und sie feierten im Angesicht Gottes seine Barmherzigkeit.

Wer sich auf den Weg macht, »Gottes Angesicht zu suchen« (vgl. Ps 27,8), um sich seinem Wort und Geheimnis zu überlassen, wird nicht an dem »Gesetz« geistlichen Lebens vorbeikommen, daß wir nur über die Erfahrung unserer eigenen Schwachheit zu Gott finden. Bei allen tastenden Versuchen, sich Gott im Gebet zu nähern, geht es letztlich darum, ihn um seiner selbst willen zu lieben »mit ganzem Herzen, mit ganzer Seele und mit aller Kraft« (Dtn 6,4).

Ein gesundes Gebetsleben kann sich nicht unabhängig von unserer menschlichen Entwicklung und Reifung entfalten. Darüber hinaus sind auf dem Weg zur Kontemplation wichtige Gebetsstufen nicht zu überspringen. Anfänger und auch Fortgeschrittene müssen sich nicht wundern, wenn sie nicht zur Kontemplation finden, falls sie sich nicht die Mühe machen, Gottes Wort zu meditieren, meint der unbekannte Autor der »Wolke des Nichtwissens«. In der kontemplativen Gebetstradition der Kirche wird das Lesen, Hören und Meditieren der Heiligen Schrift für unerläßlich gehalten. Deshalb werden hier für den betenden Umgang mit Texten der Heiligen Schrift zwei unterschiedliche, einander ergänzende Wege beschrieben. Die Geschichte von Abba Josephos macht auch deutlich, daß es in diesem Prozeß Phasen gibt, wo wir der Führung und Begleitung eines im geistlichen Leben und in der geistlichen Tradition Erfahrenen bedürfen.

Drei Empfehlungen zum Thema »Gebet und Alltag« schließen die Skizzen über den Weg vom Wort zum Schweigen ab. Sie sind als Anregungen zu verstehen, Gebet und Leben organisch miteinander zu verbinden. Als Nachwort wollen sie den Leser zugleich motivieren, in einer ganzheitlichen und *konsequenten* Weise sich dem Geheimnis Gottes zu öffnen.

Peter Köster SJ

Sein Leben »vor« Gott zur Sprache bringen[1]

Eine Grundweise christlichen Betens

Als Einleitung ein Text von Dietrich Bonhoeffer:

»Wer bin ich? Sie sagen mir oft,
ich träte aus meiner Zelle
gelassen und heiter und fest
wie ein Gutsherr aus seinem Schloß.

Wer bin ich? Sie sagen mir oft,
ich spräche mit meinen Bewachern
frei und freundlich und klar,
als hätte ich zu gebieten.

Wer bin ich? Sie sagen mir auch,
ich träge die Tage des Unglücks
gleichmütig, lächelnd und stolz,
wie einer, der Siegen gewohnt ist.

Bin ich das wirklich,
was andere von mir sagen?
Oder bin ich nur das,
was ich selbst von mir weiß?
Unruhig, sehnsüchtig, krank,
wie ein Vogel im Käfig,
ringend nach Lebensatem,
als würgte mir einer die Kehle,

[1] Vgl. Peter Köster, Sein Leben »vor« Gott zur Sprache bringen, in: Dokumentation des IMS, Referat Nr. 161 Frankfurt 1984

hungernd nach Farben, nach Blumen,
nach Vogelstimmen,
dürstend nach guten Worten,
nach menschlicher Natur,
zitternd vor Zorn über Willkür
und kleinlichste Kränkung,
umgetrieben vom Warten auf große Dinge,
ohnmächtig bangend um Freunde
in endloser Ferne,
müde und leer zum Beten, zum Denken,
zum Schaffen,
matt und bereit,
von allem Abschied zu nehmen?

Wer bin ich? Der oder jener?
Bin ich denn heute dieser
und morgen ein anderer?
Bin ich beides zugleich?
Vor Menschen ein Heuchler
und vor mir selbst
ein verächtlich wehleidiger Schwächling?
Oder gleicht, was in mir noch ist,
dem geschlagenen Heer,
das in Unordnung weicht
vor schon gewonnenem Sieg?

Wer bin ich? Einsames Fragen treibt mit mir Spott.
Wer ich auch bin, Du kennst mich,
Dein bin ich, o Gott!«

Hier bringt sich jemand zur Sprache »vor« dem, den er bei aller Zwiespältigkeit und Unbegreiflichkeit seines eigenen Lebens als tragenden Grund und befreiende Orientierung erfahren hat – GOTT.

Manchem mag es ungewohnt sein, sich so »vor« Gott ins Wort zu bringen, »vor« ihm auszusprechen, wie einen das Leben anpackt und wie man es selber anpackt. Aber ich glaube, diese Weise zu beten kann sehr helfen, das eigene Leben im Glauben zu verstehen.

Beten scheitert fast immer, wenn es nicht von einer starken menschlichen Erfahrung gespeist wird. Beten braucht Bodenkontakt, es muß Erdgeruch haben. Unser Beten und Leben dürfen nicht sein wie zwei Stockwerke, wie zwei Etagen eines Hauses, die nichts miteinander zu tun haben: unten Büroräume, oben privat. Wenn unser Leben sich in unserem Beten spiegelt, wenn es darin zur Sprache gebracht wird, dann haben wir gleichsam den Raum gefunden, in dem wir unser Leben geistlich entziffern (lernen).

Eine gute Orientierung und Hilfe dafür, wie man sein Leben vor Gott zur Sprache bringen kann, sind die Psalmen und andere Gebete des Alten Testaments. Nirgendwo sonst kommt in der Heiligen Schrift das Leben vor Gott in solcher Bandbreite zur Sprache wie gerade in den Psalmen. Da wird gelacht und geweint, gejubelt und aus tiefer Not geschrien. Da wird geklagt und gezweifelt, erbarmungslos gesprochen und leidenschaftlich gehadert. Da wird gesprochen von dem Frieden, in den ein Mensch durch Gott hineingerät, von dem Vertrauen, das er zurückgewinnt, von der Freude und dem Dank, der das Herz zerspringen lassen möchte. Kurz: Das gesamte Leben – so wie es ist – kommt hier vor Gott zur Sprache. Dafür einige Beispiele:

»Mit lauter Stimme schreie ich zum Herrn,
laut flehe ich zum Herrn um Gnade.
Ich schütte *vor* ihm meine Klagen aus,
bringe *vor* ihn meine Not« (Ps 142,2f)

In ähnlicher Weise wird von Hanna, der Mutter Samuels, erzählt, wie sie in ihrer Verzweiflung *vor* den Herrn trat und *vor* ihm ihr Herz ausschüttete (vgl. 1 Sam 1,9–18).
Von König Hiskia hören wir, daß er mit dem Brief des Großkönigs Sanherib von Assur voller Angst und Trauer hinauf in den Tempel ging, das Schreiben *vor* dem Herrn ausbreitete und *vor* dem Herrn betete (vgl. 2 Kön 19,14–19).

»Ich will den Herrn allezeit preisen,
immer sei sein Lob in meinem Mund!
Meine Seele rühme sich des Herrn,
die Armen sollen es hören und sich freuen!
Verherrlicht mit mir den Herrn,
laßt uns gemeinsam seinen Namen rühmen!
Ich suchte den Herrn, und er hat mich erhört,
all meinen Ängsten hat er mich entrissen.
Blickt auf zu ihm, so werdet ihr strahlen,
und euer Antlitz braucht nicht zu erröten!« (Ps 34,2–6)

Dahinter steckt ja auch eine psychologische Wirklichkeit: eine innere Erfahrung, eine unmittelbare Betroffenheit, eine spontane Reaktion, etwas, das uns innerlich anrührt und beschäftigt, wird erst dann zu einem lebendigen Teil unserer selbst, wenn wir dieser Erfahrung Ausdruck und Gestalt geben, wenn ich z. B. damit beginne, sie in Worte zu fassen. Das ist etwas, was viele verlernt haben; das ist etwas, was bei vielen verschüttet ist. Das ist eine Weise von Selbstwahrnehmung, bei der ich erkenne, daß ich nicht immer nur Fragender, sondern auch Befragter bin, der selbst nach Antwort suchen muß.
Wer getraut sich denn, in seinem Beten vor Gott einzu-

gestehen, daß er einen Menschen haßt oder ihm nicht zu vergeben bereit ist, daß er einfach noch nicht über die Kraft verfügt, jemandem zu verzeihen und zerbrochenen Frieden wiederherzustellen? Wer kann sich denn eingestehen, daß er sehr verletzlich ist, daß er Wunden trägt, die nicht heilen wollen?
In unserem Beten kann das gesamte Leben zur Sprache kommen, so wie es ist, so wie wir es empfinden, weniger wie es sein soll. Unser Beten braucht diese Aufrichtigkeit.
Die heilige Teresa von Avila schreibt in ihrer Vita:
»Es setzte in mir eine viel größere Liebe ein, und ich hatte auch größeres Vertrauen zu diesem Herrn (Jesus Christus), da ich ihn sah wie einen, *mit dem ich ständig im Gespräch bin*. Ich sah, daß er, obwohl er Gott war, doch auch Mensch war, der sich nicht über die Schwächen der Menschen entsetzt, sondern unsere armselige Lage versteht, die aufgrund der ersten Sünde, deren Schäden er zu heilen kam, vielen Tücken ausgesetzt ist. Ich weiß wohl, daß er nicht so ist wie die, die wir hier als Herren haben, die hier ganzes Herr-Sein auf eine gekünstelte Autorität gründen. Sie brauchen Sprechstunden und Vermittlungspersonen, die mit ihnen sprechen. Wenn nun ein armseliger Kerl mit seinem Anliegen daherkommt, so muß er hierhin und dorthin laufen, muß Beziehungen haben und sich abmühen, um mit ihm sprechen zu können. Und wenn er es erst mit dem König zu tun hat, dann dürfen arme und nichtadelige Leute mit ihm gar nicht in Berührung kommen, sondern man muß fragen, wer seine einflußreichsten Günstlinge sind, und sicher sind das nicht solche, die die Welt unter ihren Füßen haben, denn jene sagen die Wahrheit und fürchten sich nicht, da sie es auch nicht

müssen. Solche taugen nicht für das Hofleben, denn da kann man so etwas nicht brauchen, sondern man muß schweigen, wenn etwas nicht gut scheint, ja nicht einmal denken dürfen sie so etwas, wenn sie nicht in Ungnade fallen wollen.
O König der Glorie und Herr aller Könige! Deine Königsmacht steht nicht auf zerbrechlichen Füßen, sondern hat kein Ende; bei dir braucht man keine Vermittler. Man muß dich nur anblicken, dann sieht man, daß du bei deiner Majestät allein den Namen (Herr) verdienst. Du brauchst kein Begleitpersonal oder Leibwachen, um zu zeigen, daß du König bist. Hier auf Erden ist ein König, der allein ist, nur schwer als solcher erkenntlich; wenn er es auch noch so sehr sein möchte, so wird man ihm doch nicht glauben, wenn er nichts hat, was ihn von den anderen unterscheidet. Es ist nötig, daß man es ihm ansieht, um es zu glauben, und so ist es richtig, daß er diese unechte Autorität hat, denn wenn er sie nicht hätte, gälte er gar nichts. Von ihm selbst geht tatsächlich nicht der Eindruck von Macht aus, und so muß ihm diese Autorität von etwas anderem her zukommen.
Mein Herr, mein König, wer könnte deine Majestät, die du hast, gebührend darstellen! Es ist einfach nicht möglich zu übersehen, daß du der große Kaiser aus dir selbst bist, dessen majestätischer Anblick in Staunen versetzt; doch mehr aber erstaunt es, mein Herr, dabei auch deine Demut und Liebe zu sehen, die du einer solchen wie mir erweist. *In allem kann man mit dir reden und sprechen,* wie es uns gefällt, sobald nur einmal die erste Furcht und Scheu vor deiner Majestät überwunden sind, wobei dann die größere bleibt, dich nicht zu beleidigen, doch ist das keine Furcht vor der Strafe, mein

Herr, denn die ist gar nichts im Vergleich zur Angst, dich wieder zu verlieren« (V 37,6).

Ägid von Broeckhoven, ein belgischer Jesuit, der als junger Arbeiterpriester beim Verladen schwerer Eisenplatten tödlich verunglückte, schreibt einmal in sein Tagebuch: »Es ist nicht umsonst, sich in Besinnung und Gebet zu vergegenwärtigen, was Gott in uns wirkt. Es ist durchaus belangvoll, sich daran zu erinnern, *es in Worte auszudrücken,* um es intensiver zu erleben, seine Tiefe auszuloten und seinen Reichtum klarer zu erfassen.« Dafür muß man sich Zeit nehmen, sonst wird ein Leben auf Dauer verflachen.

Man kann ganz einfach damit *anfangen,* vor Gott zu erzählen, was passiert ist, was einen erwartet, was wir empfinden, was uns beschäftigt – sei es auch noch so abgründig oder banal. Der Glaubende sollte wissen, daß er mit allem, restlos mit allem, was ihm begegnet und was in ihm ist, »vor« Gott kommen kann. Nach und nach werden wir dann auch die Momente in unserem Leben entdecken, in denen wir ganz betroffen sind, z. B.:

– von der Undurchschaubarkeit des eigenen Lebens,
– von der Ahnung des Todes,
– von der Macht des Bösen im eigenen Herzen,
– von der unabstreifbaren Verantwortung in persönlichen Entscheidungen,
– oder da, wo man sich ausgenutzt und betrogen fühlt,
– wo man spürt, daß man zu kurz gekommen ist,
– wo einem plötzlich und unberechenbar vergeben wird,
– wo man vor Freude »aus dem Häuschen« ist,
– wo sich aus einer ausweglosen Situation, aus einem verfahrenen Leben unvermutet ein Ausweg ergibt,

– wo man darüber staunt, daß es auf einmal weitergeht ...

Das Bedürfnis nach bewußter Wahrnehmung wichtiger Lebensvorgänge und das Suchen nach tieferliegenden, den Lebenssinn erschließenden Erfahrungen wird wachsen.

Eine solche Form des Betens, in die die Vielfalt immer neuer Lebenssituationen und Erfahrungen einfließt, wird immer aktuell bleiben. Man wird sie immer wieder aufnehmen können, und sie wird sich im oft allzu sachlichen und aufreibenden Stil unseres Lebens durchhalten.

»Vom Anfang geistlichen Lebens bis zum Ende wird der Mensch das Wort brauchen, um die Stimme des Herzens dem Schöpfer laut werden zu lassen« (Carlo Caretto). Am Anfang werden es vielleicht viele Worte sein, in denen der Beter sich »vor« Gott ausspricht. Allmählich werden sie weniger und tiefer, bis schließlich einige ganz wenige übrigbleiben, in denen alles enthalten ist: HERZWORTE.

Es wäre eigentlich verwunderlich, wenn wir uns selbst in einem solchen Gebetsprozeß nicht ändern würden und damit auch die Dinge um uns herum. Es kann dann auch geschehen, daß einer in die Erfahrung hineingerät, von der Sören Kierkegaard spricht: »Als mein Gebet immer andächtiger und innerlicher wurde, hatte ich immer weniger und weniger zu sagen. Zuletzt wurde ich ganz still ... Ich wurde ein Hörender.«

Beten heißt auch: still werden und warten, bis Gott vernehmbar wird.

Die Evangelien schildern Jesus als Betenden. Sie berichten davon in einer Weise, die deutlich macht, daß hier

die Erfüllung aller Aussagen der Bibel über das Beten, daß hier der Höhepunkt aller menschlichen Gottverbundenheit erreicht worden ist.
Wenngleich die Texte über Jesu Beten in den Evangelien keinen großen Raum einnehmen, so wird doch deutlich, daß sich sein Beten ganz natürlich in seinen Alltag, in seine öffentliche Wirksamkeit einfügt, daß er wie selbstverständlich betet.
Und die Evangelien zeigen auch, daß Jesus sein Leben »vor« dem Vater zur Sprache bringt, daß er »vor« ihm sein Herz ausschüttet:

»Vater, ich weiß, daß du mich immer erhörst.«
»Vater, laß diesen Kelch (des Leidens) an mir vorübergehen.«
»Vater, nicht mein Wille geschehe, sondern der deine.«
»Vater, in deine Hände gebe ich meinen Geist.«

In dem Psalmwort am Kreuz: »Mein Gott, mein Gott, warum hast du mich verlassen?« wird angedeutet, daß unser Beten so weit herausgefordert sein kann, daß wir das Entgleiten Gottes, vor dem wir verstummen, in dem wir uns selbst genommen sind, anerkennen und den Mut haben, in dieses sich ausbreitende Schweigen hineinzusagen: »DU« oder »mein Gott«.
Auch die Freude, der Jubel im Heiligen Geist, geht über in ein preisendes Danken:

»Ich preise dich, Vater,
Herr des Himmels und der Erde,
daß du dies vor den Weisen und Wissenden verborgen,
den Unmündigen aber geoffenbart hast.
Ja, Vater, so hat es dir gefallen« (Lk 10,21 f).

So ist Jesus von Nazareth für alle, die sich um christliches Beten mühen, eine einzigartige Orientierung. Zugleich dürfen wir uns im Gebet an ihn selber wenden, der uns längst – wie damals den Petrus – in sein wirksames Gebet zum Vater eingeschlossen hat: »Simon, Simon, der Satan hat verlangt, euch zu sieben wie den Weizen. Ich aber habe für dich gebetet, daß dein Glaube nicht erlischt. Und wenn du wieder zurückgefunden hast, stärke deine Brüder!« (Lk 22,31 f).

Die Heilige Schrift meditieren[1]

Madeleine Delbrêl schreibt in ihrem Buch »Gebet in einem weltlichen Leben«:

»Das Evangelium ist das Buch des Lebens unseres Herren, und es ist da, das Buch unseres Leben zu werden.

Es ist nicht da, um verstanden,
sondern um wie eine Schwelle zum Geheimnis
angenähert zu werden.

Es ist nicht da, um gelesen,
sondern um in uns aufgenommen zu werden ...

Die Worte des Evangeliums werden erlitten und
ausgehalten ...
Die Worte des Evangeliums durchwalken uns,
verändern uns,
bis sie uns gleichsam in sich einverleiben.

Die Worte des Evangeliums sind wundertätig.
Sie verwandeln uns nur deshalb nicht,
weil wir die Wandlung nicht von ihnen begehren.
Aber in jedem Ausdruck Jesu, in jedem seiner Beispiele
wohnt eine überwältigende Kraft,
die damals heilte, reinigte, auferweckte,
falls einer ihm gegenüberstand wie der Gelähmte
oder der Hauptmann,
bereit, unverzüglich im vollen Gehorsam zu handeln ...

Wenn wir unser Evangelium (hören und) in Händen
halten,

[1] Vgl. Peter Köster, Geladen zum Fest des Lebens. S. 69–71.

sollten wir bedenken, daß das Wort darin wohnt,
das in uns Fleisch werden will,
das uns ergreifen möchte,
damit wir ... an einem neuen Ort,
zu einer neuen Zeit,
in einer neuen menschlichen Umgebung
sein Leben aufs Neue beginnen.« (S. 17 f)

Damit Gottes Wort in uns Mensch werden kann, empfiehlt sich eine Weise betenden Umgangs mit biblischen Texten, wie sie im folgenden beschrieben wird.

1. Sich vorbereiten

Der Kirchenvater Ephraem der Syrer vergleicht die Vorübungen zum Gebet mit den Vorbereitungen der Perlenfischer. Sie verlassen ihre Hütten und gehen an den Strand. Dort legen sie alles ab, was sie am Tauchen hindert. Dann fetten sie sich ein und suchen sich einen geeigneten, handlichen Stein, mit dem sie abtauchen können, um zu den Perlen zu gelangen ...
So muß ich auch, wenn ich einen biblischen Text meditiere, alles hinter mir lassen und alles ablegen, was mich daran hindert, mit Leib und Geist ganz »da« zu sein. Dann suche ich mir einen »geeigneten Stein«, einen bestimmten, mir entsprechenden Übungsweg, der mich in die richtige Tiefe führen kann: Neben den Vorübungen zur Sammlung und des Zur-Ruhe-Kommens gehört zunächst die ausdrückliche Absicht, sich vom Wort der Schrift ansprechen und verändern zu lassen, in das Bemühen jeder Meditation hinein. Das Ziel aller biblischen Meditation ist: hineinzuwachsen in die Gesinnung, die dem Leben in Christus Jesus entspricht

(Phil 2, 5). Diese Intention formuliere ich in einem *Vorbereitungsgebet.* Dazu mag das folgende Gebet eine Hilfe sein:

Herr, du allein weißt,
wie mein Leben gelingen kann.

Lehre mich,
in der Stille deiner Gegenwart
das Geheimnis zu verstehen,
wie in der Begegnung mit dir,
wie in deinem Anblick
und in deinem Wort
Menschen sich erkannt haben
als dein Bild und Gleichnis.

Hilf mir loszulassen,
was ich daran hindert,
dir zu begegnen
und mich von deinem Wort
ergreifen zu lassen.

Hilf mir zuzulassen,
was in mir Mensch werden will
nach dem Bild und Gleichnis,
das du dir von mir gemacht hast.

Nach dem Exerzitienbuch des heiligen Ignatius von Loyola ist das Vorbereitungsgebet:
»von Gott Unserm Herrn die Gnade erbitten dazu hin, daß alle meine Absichten, Handlungen und Beschäftigungen rein im Dienst und in der Verherrlichung Seiner göttlichen Majestät geordnet seien« (EB 46).

2. Lesen, Bitten

Dann lese ich den ganzen Schrifttext langsam und wiederholt durch und bitte den Herrn, daß er mir die biblische Szene erschließe, damit ich entdecke, was er mir zeigen will.

3. Suchen, Entdecken

Bei der Meditation eines biblischen Textes kommt es vor allem darauf an, daß ich etwas entdecke, was mich ganzheitlich anspricht und in »Bewegung« bringt. Darum muß ich selbst das Gelesene Wort für Wort und Satz für Satz und/oder Szene für Szene, Person für Person absuchen, so lange, bis ich auf etwas stoße, das mich selber angeht: z. B. ein Wort, das mich stärkt und befreit, oder eine plötzliche Einsicht, die mich heilsam schmerzt oder beunruhigt. Jede kleine »Bewegung« in Richtung auf den verborgenen Schatz im Acker des Textes muß zunächst einmal wahrgenommen werden. Sie führt zum Aufhellen und »Verkosten« des Meditationstextes von innen her.

4. Verweilen

Ich verweile jeweils bei dem, was mich persönlich anspricht und »bewegt«, und zwar so lange, bis es sich »erschöpft« hat. Sonst verliert sich das eben Entdeckte im Gedränge ruheloser Gedanken und flüchtiger Eindrücke. Es kommt nicht zu einem »Spüren und Verkosten von innen her« (EB 2). Erst dann mag ich weiter im Acker des Schrifttextes graben.

5. Beenden

Es ist wichtig, daß die Meditation einen ausdrücklichen Abschluß findet. Das kann geschehen

- mit einem persönlich formulierten Gebet, in dem meine Antwort widerklingt auf das, was mich im Verlauf der Meditation »bewegt« hat (loben, danken, bitten ...).
- mit einer kurzen Gebetsformel, z. B. »Ehre sei dem Vater ...«
- mit einer (tiefen) Verneigung.

6. Reflektieren, Notieren

Der vorgelegte Meditationsstoff steckt den *Rahmen* ab, innerhalb dessen ich auf die Suche gehe. Das ist eine Beschränkung im *Rahmen*, nicht in der *Tiefe*. Einer weitergehenden Vertiefung dient dann die *Reflexion* unmittelbar nach der Gebetszeit und die *Wiederholungsmeditation(en)* zu einer späteren Zeit: *Nach* jeder Meditation empfiehlt es sich, eine Weile (etwa eine Viertelstunde) darüber zu reflektieren, was sich im Verlauf der Meditation so getan oder nicht getan hat. Welches Gefühl, welches Verlangen, welche Einsicht, welcher Gedanke, welches Wort, welche Frage, kurz: welcher Impuls hat mich angesprochen, »bewegt«? Welche Entdekkung habe ich gemacht?
Es empfiehlt sich, meine Entdeckung(en) bzw. das, was mich »bewegt« hat, schriftlich festzuhalten. Diese Notizen sollten kurz und, wenn möglich, prägnant sein. Diese Rückschau bereitet die nächste Meditation vor, in der ich auf die Anregungen aus der vorangegangenen Meditation zurückkomme.

7. Vertiefen

Im Exerzitienbuch findet sich des öfteren die Anweisung, von den fünf Gebetsstunden eines Tages die dritte und vierte Stunde für die *vertiefende Wiederholung* zu reservieren, »wobei jene Punkte festzuhalten und bei ihnen eine Pause zu machen sind, bei denen ich je größeren Trost oder Trostlosigkeit oder je tieferes Verspüren des Geistes empfunden habe«, oder an anderer Stelle: »wobei immer einige jener bedeutsameren Teile beachtet werden, bei denen ich eine bestimmte Erkenntnis, Tröstung oder Trostlosigkeit verspürt habe« (Nr. 62 und 118).

In diesem wiederholenden Übungsgeschehen kann sich ein anfänglicher Impuls, eine erste Entdeckung vertiefen. Wenn ich so am selben Text bleibe, kann er mir »neue Funde« ermöglichen. Diese werden ebenfalls schriftlich festgehalten. Der Vorgang wird so lange wiederholt, bis der Schrifttext nichts Neues mehr für mich hergibt.

Alle Wiederholungsmeditationen beginnen mit der gleichen Vorbereitung und Einstellung wie die vorausgegangene Textmeditation und werden auch in gleicher Weise abgeschlossen. So kann ich mich dafür disponieren, allmählich in die Dynamik des Schrifttextes, in die Tiefe des meditierten Glaubensgeheimnisses hineinverwandelt zu werden.

- *Begegnen*

Durch diesen *Übungsweg* bereite ich mich für die Begegnung mit DEM, DER sich im Wort der Schrift zu erkennen gibt. Ich spüre, wo ich mit Seinem Weg übereinstimme und wo ich mich IHM verweigere.

• *Mit Ehrfurcht*

Wer einen biblischen Text meditiert, muß sich um eine Haltung der Ehrfurcht bemühen gegenüber dem eigentlich Handelnden: GOTT.

Das persönliche Neuentdecken sowie das »Verspüren und Verkosten« des Meditationsstoffes von innen her sind ein zutiefst *gnadenhaftes Geschenk.* Erst die von Jesus und seinem Geist geschenkte Auslegung kann den vollen Sinn des biblischen Textes erschließen.

• *Mit Entschiedenheit*

Wer sich um den Acker eines Schrifttextes müht, kann nur »Erfolg« haben, wenn er von vornherein entschlossen ist, auch zu *tun,* was er erkennen wird. Wer erst im nachhinein entscheiden möchte, ob er das für sich als »stimmig« Erkannte auch verwirklichen will, verbaut sich von vornherein den Weg für ein tieferes Erfassen und Ergriffenwerden vom Wort Gottes. »Selig, die das Wort Gottes hören, um es zu befolgen« (Lk 11,28; vgl. 8,21).

Die ignatianische Kontemplation

Ignatius von Loyola hat in seinem Exerzitienbuch einige »Betrachtungen«, die als Paradigma (»Muster«) für den betenden Umgang mit den »Geheimnissen des Lebens Jesu« zu verstehen sind. Dazu gehört u. a. auch die Kontemplation des »letzten Abendmahles« am Beginn der »Leidenswoche«. An diesem Beispiel soll die ignatianische Kontemplation erschlossen werden. Sie kann (weiter)helfen, sich vom Geheimnis eines biblischen Geschehens erfassen zu lassen. Zunächst der Text.

»Das gewohnte Vorbereitungsgebet«.

191 *Die erste Hinführung ist:* Die Geschichte heranziehen, die hier ist: Wie Christus, unser Herr, von Betanien aus zwei Jünger nach Jerusalem sandte, um das Abendmahl zu bereiten, und danach selbst mit den anderen Jüngern dazu hinging; und wie er nach dem Essen des Osterlamms und dem Mahlhalten ihnen die Füße wusch und seinen Jüngern seinen heiligsten Leib und sein kostbarstes Blut gab und ihnen eine Rede hielt, nachdem Judas gegangen war, um seinen Herrn zu verkaufen.

192 *Die zweite:* Zusammenstellung, indem man den Raum sieht. Hier wird dies sein: den Weg von Betanien nach Jerusalem erwägen, ob breit, ob eng, ob eben usw. Ebenso den Raum des Abendmahls, ob groß, ob klein, ob in dieser oder jener Weise.

193 *Die dritte:* Das erbitten, was ich will. Hier wird dies sein: Schmerz, Verspüren und Verwirrung, weil der Herr wegen meiner Sünden zum Leiden geht.

194 *Der erste Punkt ist:* Die Personen des Abendmahls sehen. Und indem ich mich auf mich selbst zurückbesinne, mich bemühen, irgendeinen Nutzen aus ihnen zu ziehen.

Der zweite: Hören, was sie sprechen. Und ebenso irgendeinen Nutzen daraus ziehen.

Der dritte: Schauen, was sie tun. Und irgendeinen Nutzen ziehen.

195 *Der vierte:* Erwägen, was Christus, unser Herr, in seiner Menschheit leidet oder leiden will, je nach der Begebenheit, die man betrachtet. Und hier mit viel Kraft beginnen und mich anstrengen, um Schmerz zu empfinden, traurig zu sein und zu weinen; und genauso mich durch die anderen Punkte mühen, die folgen.

196 *Der fünfte:* Erwägen, wie sich die Gottheit verbirgt, nämlich wie sie ihre Feinde zerstören könnte und es nicht tut; und wie sie die heiligste Menschheit so aufs grausamste leiden läßt.

197 *Der sechste:* Erwägen, wie er alles dies für meine Sünden leidet, usw.; und was nun ich für ihn tun und leiden soll.

198 *Gespräch:* Mit einem Gespräch zu Christus, unserem Herrn, enden und am Schluß mit einem Vaterunser.« (Übersetzung von Peter Knauer SJ)

Die Kontemplation des »letzten Abendmahles« am Beginn der sogenannten »Dritten Woche« der ignatianischen Exerzitien ist als Paradigma für alle weiteren Betrachtungen des Passionsgeheimnisses zu verstehen. Der Übende soll innewerden, wie tod-ernst er von Gott genommen wird. Ich soll mich dem Geheimnis des Leidens Jesu so aussetzen, daß ich bis ins Innerste davon

berührt und getroffen werde (»Schmerz, Ergriffenheit, Beschämung«), »wie der Herr das alles für mich, um meiner Sünden willen leidet« (vgl. EB 193, 197, 203).
Die drei Dispositionsanleitungen (oder Hinführungen: EB 191–193) wollen dem Übenden helfen, sich in das Geschehen des »letzten Abendmahles« so hineinnehmen zu lassen, daß es für ihn »staunenerregende« Gegenwart wird und zu einer Erfahrung, die ihn verändert. Er soll sich selbst in der »Geschichte« (historia) wiederfinden, und das Geschehen innerlich mitvollziehen. Ohne das Mühen um einfühlendes Verständnis (Empathie) für das, was da vor sich geht, ohne die Betroffenheit darüber, daß ich hier ganz persönlich mit-gemeint bin (Identifikation und affektive Partizipation), bleibt mir die »geheimnisvolle Seite«, das »Mysterium« in der »Episode« des letzten Abendmahles verborgen. Doch bei allem Bemühen, den »geistlichen Sinn« der Geschichte zu erfassen, ist der »Prozeß des Entdeckens« gnadenhaftes Geschehen, und es kommt sehr darauf an, »daß alle meine Absichten, Handlungen und Beschäftigungen rein im Dienst und in der Verherrlichung seiner göttlichen Majestät geordnet sind« (EB 46, 190).
Die ignatianische Kontemplation, d. h. seine Art, sich dem Geheimnis eines biblischen Geschehens zu nähern und sich von ihm »be-wegen« zu lassen, basiert auf der von der patristischen Tradition getragenen mittelalterlichen Exegese.

● Der erste Schritt nach dem »gewohnten« Vorbereitungsgebet ist die Vergegenwärtigung der »Geschichte«, »die ich zu betrachten habe«. Das »Heranziehen der Geschichte« (EB 191, vgl. 102), verlangt m. E. eine schriftbezogene *Anamnese* des Abendmahlsgeschehens. *Dabei ist es wichtig, den »Rahmen« (Kontext) der Geschichte zu berücksichtigen.*

- Im zweiten Schritt versucht der Übende, den »Raum«, die Details und die Atmosphäre des szenischen Hintergrundes der »Geschichte« zu erfassen. Das ist eine Weise, mit Hilfe der Imagination (con la vista imaginativa) eine persönliche Beziehung zur »Geschichte« aufzunehmen. Damit schaffe ich mir gleichzeitig einen Konzentrationsrahmen, in den ich im Verlauf der Gebetszeit wie bei einem Bild aus einem mittelalterlichen Kodex immer wieder zurückkehren kann.
- Ist eine erste persönliche Beziehung zur »Geschichte« hergestellt, dann bitte ich im dritten Schritt darum, daß sich mir der »geistliche Sinn« des biblischen Geschehens, sein »Mysterium« erschließen möge: »Schmerz, Mitgefühl und Beschämung« (EB 193), »Schmerz mit dem schmerzerfüllten Christus, Zerbrochenheit mit dem zerbrochenen Christus, Tränen, innere Qual über die so große Qual, die Christus für mich erduldet hat« (EB 203), »damit ich ihn mehr liebe und ihm nachfolge« (EB 104, 113).
- *Die einzelnen Punkte* (EB 194–197) wollen den Übenden tiefer in das Geheimnis des biblischen Geschehens hineinziehen – mit dem Ziel, daß sich mir die »geheimnisvolle Seite« der »Geschichte« in ihrer Aktualität und ihrer gegenwärtigen Wirkmöglichkeit für mich erschließt. Erfahrungsgemäß kommen die Tiefenschichten meiner gläubigen Existenz dadurch »in Schwingung«, daß etwas spürbare Bedeutung für mich gewinnt durch Bilder und Szenen, die mich berühren, Personen, in denen ich mich wiederfinde, durch Worte, die mich treffen, und Verhaltensweisen, die mich in Bewegung bringen. Dabei wird die für unsere menschliche Erfah-

rung so bedeutsame Einbildungskraft (Imagination) mit ins Spiel gebracht. Ich soll »die Personen des Abendmahles sehen«, »hören, was sie sprechen« und »schauen, was sie tun«. Dabei hilft es zur persönlichen Begegnung mit dem Geheimnis des biblischen Textes, wenn ich ihn nicht nur daraufhin anhöre, was in den einzelnen Worten und Handlungen verbal gesagt wird, sondern erwäge, »was die jeweiligen Worte und Verhaltensweisen für die Betroffenen in der Erzählung selbst bedeuten und über sie aussagen«. Man begibt sich »in die Wüste inhaltlicher Oberflächlichkeit«, wenn man ausklammert, wie die Akteure einer Erzählung sich selbst darstellen und empfinden und was in ihnen vorgeht, wenn sie sich gerade in der Weise äußern und verhalten, in der die biblische Erzählung sie darstellt.

»Subjektivistisch« und »willkürlich« muß ein solches Sich-Einfühlen in den Text durchaus nicht sein. Im Gegenteil. Es ist eine der wichtigsten Voraussetzungen zum Verständnis jeden menschlichen Gespräches, ... daß man die Mitteilungen eines anderen jeweils daraufhin reflektiert, was das Gesagte für ihn selbst bedeutet, welche Gefühle, Wünsche, Hoffnungen, Sorgen usw. er implizit ausspricht; und es gilt als unabdingbare Kunst und Regel wirklichen Zuhörens, gerade dieses Unausgesprochene in allem Gesprochenen hervorzuheben, weil sonst ein wirkliches Verstehen menschlicher Rede nicht möglich ist.

Für die Bibel als Gottes Wort »ist diese Aufmerksamkeit, die man einem Menschenwort, um es zu verstehen, entgegenbringen muß, mindestens genauso angebracht und jedenfalls ganz unentbehrlich. Denn bereits bei Anwendung dieser einfachen Regel bloßen Zuhörens und Mitempfindens wird man erleben«, daß der

Umgang mit dem biblischen Text »einen ganz unmittelbaren und faszinierenden Zugang des Verständnisses eröffnet«, indem der Übende »sich in die Lage der geschilderten Personen hineinversetzt ... Von Anfang an geht es auf diese Weise um Menschen und menschliche Schicksale vor Gott« (Drewermann).[2]
Im gedenkenden Nachvollzug (hebr. zkr) des Abendmahlsgeschehens soll seine Heilswirklichkeit präsent und wirkmächtig werden, »damit ich den für mich leidenden Herrn mehr liebe und ihm nachfolge«. Das tätige Erinnern ist also weder Autosuggestion noch bloße Rückerinnerung an ein vergangenes Ereignis. Das biblische Geschehen muß neu erlebt werden.

- Damit die Anamnese des »letzten Abendmahles« ihre geisterfüllte, heil-schaffende Aus-wirkung für mich bekommt, soll der Übende auch nach jedem Punkt »sich auf sich selbst zurückbesinnen, um Nutzen zu ziehen« aus dem, was er gesehen, gehört und angeschaut hat. Letztlich zielen alle Hinführungen und Punkte auf die persönliche Begegnung mit unserem Herrn, »der für mich, um meiner Sünden willen leidet«, der »am Ende so vieler Mühen in Hunger und Durst, in Hitze und Kälte, unter Schmähungen und Anfeindungen am Kreuz stirbt, und dies alles für mich« (EB 116).
- Das sogenannte Kolloquium am Ende der Kontemplation ist nicht als Abrundung der Gebetszeit zu verstehen, sondern als der abschließende Ruhepunkt, auf den hin die ganze Übung ausgerichtet ist. Das Gespräch zeigt die Bewegung und Richtung an, die die Kontemplation genommen hat. Es ist der Höhepunkt der Ge-

[2] Eugen Drewermann, Exegese und Tiefenpsychologie, in: Bibel und Kirche, Heft 3 1983, S. 98f.

betszeit, »wie ein Freund zu einem anderen spricht« in großer Nähe und Ehrfurcht (vgl. EB 3 und 53/54). In der Begegnung mit dem »Herrn, der um meiner Sünden willen zum Leiden geht«, soll mein Leben im Geheimnis der Passion Jesu »aufgehoben« werden. Das ist Gnade, die nur erbetet werden kann.

Es ergibt sich also für den betenden Umgang mit dem »Geheimnis« eines biblischen Geschehens folgende »Struktur«:

- *Das gewohnte Vorbereitungsgebet* (vgl. S. 29)

Drei Dispositionshilfen oder Vorübungen:

- Erster Schritt: *Die Vergegenwärtigung der Geschichte*

Dabei ist es wichtig, den »Rahmen« (Kontext) der Geschichte zu berücksichtigen: z.B. bei Mk 10,46–52: Mk 10,32–45 und Mk 11,1–11.

- Zweiter Schritt: *Eine persönliche Beziehung zur Geschichte aufnehmen,* so wie ich etwa zu einem Raum, einem Menschen, einer Gruppe, einer Landschaft eine Beziehung herstelle.

Mit Hilfe der *Imagination* versuche ich, den »Raum« des Geschehens, die Details, die Atmosphäre, den szenischen Hintergrund der Geschichte wahrzunehmen, zu erspüren und zu erfassen. Damit schaffe ich mir gleichzeitig einen *Konzentationsrahmen,* zu dem ich immer wieder zurückkehren kann.

- Dritter Schritt: *Bitte, daß sich mir der »geistliche Sinn« des biblischen Geschehens, die »geheimnisvolle Seite«, das Mysterium der Perikope erschließen möge: damit ich den Herrn mehr liebe und ihm nachfolge.*
- *Sehen:*

Bilder und Szenen, die mich berühren, z.B.: die Begegnung zwischen Jesus und Petrus bei der Fußwaschung (Joh 13,1–11) oder die Begegnung zwischen Jesus und

der Sünderin im Hause des Pharisäers Simon (Lk 7,36–38).
Personen, in denen ich mich wiederfinde, z.B.: Vater des besessenen Jungen, Maria Magdalena, Zachäus.

- *Hören:*

Worte, die mich treffen, z.B.: »Wer die Wahrheit tut, kommt ans Licht« (Joh 3,21). »Was willst du, daß ich dir tun soll?« (Mk 10,51). »Willst du gesund werden?« (Joh 5,6).

- *Schauen:* Was die Personen tun:

Verhaltensweisen, die mich in Bewegung bringen, z.B.: die vier Männer, die einen Gelähmten durch allen Widerstand hindurch bis zu Jesus bringen (Mk 2,1–12) oder die liebenswürdige Hartnäckigkeit der Heidin (Mk 7,25–30).
Dabei ist es wichtig, sich in die Akteure der biblischen Geschichte hineinzuversetzen und mitzuempfinden:

– Was geht in diesen Menschen vor?
– Welche Beziehung haben sie untereinander?
– Welche Gefühle, Wünsche, Hoffnungen, Sorgen, Zweifel, Ängste kommen in ihren Worten und Verhaltensweisen zum Ausdruck?
– Was bedeuten die Worte und Verhaltensweisen für die Betroffenen in der Erzählung?

- *Sich auf sich selbst zurückbesinnen,* »um Nutzen daraus zu ziehen«, d.h. sich fragen: Welche Bedeutung hat das Geschaute, Gehörte und Mitempfundene für mich jetzt?
- Das sogenannte *Kolloquium* am Ende der Gebetszeit soll keine »Abrundung« sein, vielmehr der abschließende Ruhepunkt, auf den die ganze Übung hinausläuft. Das Kolloquium zeigt die Richtung und Bewegung, die das Beten genommen hat. Es ist der eigent-

liche Höhepunkt der Gebetszeit, Ausdruck der Nähe – »wie ein Freund mit einem Freund spricht«.
Das Kolloquium steht in Zusammenhang mit der Gnade, um die der/die Übende zu Beginn gebeten hat. Ohne Kolloquium hat die Übung kein rechtes Ziel.

Die »Anwendung der Sinne«

Im Prozeß der Vertiefung geht Ignatius während der Exerzitien noch einen Schritt weiter: Am Abend eines jeden Tages läßt er eine Übung machen, die er »das Ziehen der fünf Sinne« über die vorausgegangenen vier Gebetsübungen nennt, »wobei man bei den wichtigeren Teilen und dort, wo man jeweils kraftvollere Anregungen und geistliche Freude (Geschmack, Genuß) verspürt hat, aufmerkt und in Ruhe verweilt« (EB 227).
Hier fehlt das Wort »Trostlosigkeit«. Offenbar soll der/die Übende nur auf das zurückkommen, was er/sie an *Positivem* erlebt hat. Diese Übung ist so sehr integrierender Bestandteil der ignatianischen Gebetsmethode, daß sie in den Exerzitien nicht ausgelassen werden soll. Wie ist diese sogenannte »Anwendung der Sinne« näherhin zu verstehen und worauf kommt es dabei an?
Zunächst kann diese Art geistlicher Be-sinnung erst dann richtig zum Tragen kommen, wenn ich in der genannten Weise nach dem verborgenen Schatz im Acker gegraben habe – vier Stunden lang.
Die Übung soll zu einer Zeit gemacht werden, in der ich *ganz* »da« sein kann, in ruhiger, gelassener Sammlung. Ignatius empfiehlt eine Stunde am Abend, wo die Anstrengungen der vorausgegangenen Übungen hinter einem liegen.
Nach der gewohnten Vorbereitung und Einstellung

lasse ich dann all das, was mich im Verlauf des Tages heilend und stärkend angerührt und »bewegt« hat, noch einmal vor mich kommen. Ich versuche, mit meinem ganzen Sein aufmerksam dabei zu verweilen und die Qualität des Wahrgenommenen »von innen her zu fühlen und zu verkosten« (EB 2). So *disponiere* ich mich für eine Art von Erkenntnis, die mehr ist als nur ein Akt des Erkennens oder nur des Wollens oder nur des Fühlens und die hinführt zum Ziel allen religiösen Strebens: »den Herrn, deinen Gott, zu lieben mit ganzem Herzen und ganzer Seele, mit all deinen Gedanken und mit all deiner Kraft« (Mk 12,30; vgl. Dtn 6,4–9).

Wie kommt diese ganzheitliche Weise des Erkennens zustande? Durch den Prozeß der wiederholenden Vertiefung, durch das sorgfältige Bemühen, meinen Geist im Gebet mit existentiell erfahrenen »Entdeckungen« und Impulsen zu erfüllen, wird einmal der Augenblick erreicht, wo die Erkenntnis meines Geistes in meine ganze Existenz überfließt. Von diesem Augenblick an nehmen die Sinne an der geistigen Erkenntnis teil und kommen dabei auch zu ihrer je eigenen Tätigkeit. Die geistige Erkenntnis wird jetzt geschaut, gehört, geschmeckt usw. So geben die Sinne der neuen Entdeckung und Erfahrung ihre sinnenfähige Fülle. Jetzt erkenne ich nicht nur mit dem geistigen Auge des Verstandes, sondern ich erkenne ganzheitlich mit Leib und Geist, mit Geist und Sinnen. Diesen gesamtmenschlichen Akt nennt Ignatius »das Verspüren und Verkosten der Dinge von innen her«. Er ist das Ziel allen Mühens um den Acker eines Schrifttextes und zugleich gnadenhaftes Geschenk.

In dieser abendlichen Be-sinnung kann sich nach und nach jenes feine Sensorium entfalten, das Gott durch

alle irdischen Brechungen hindurch spürt. Hier kann ein Leben in die eine und einende Leidenschaft geraten, die Paulus in die Worte zusammenfaßt: »Nicht mehr ich lebe, sondern Christus lebt in mir« (Gal 2,20a). Augustinus sagt im 6. Kapitel des 10. Buches seiner Confessiones: »Was aber liebe ich, o Gott, wenn ich dich liebe? Nicht die süßen Melodien in der Welt des Tönens aller Art. Nicht die Wohlgerüche der Blumen, Salben und Spezereien. Nicht das Manna und nicht den Honig. Nicht Leibesglieder, die köstlich sind in der fleischlichen Umarmung. Nichts von alledem liebe ich, wenn ich liebe meinen Gott. Und dennoch liebe ich ein Licht und einen Klang und einen Duft und eine Speise und eine Umarmung, wenn ich liebe meinen Gott: Licht und Klang und Duft und Speise und Umarmung meinem inneren Menschen. Dort erstrahlt meiner Seele, was kein Raum faßt. Dort erklingt, was keine Zeit entführt. Dort duftet, was kein Wind verweht. Dort mundet, was keine Sattheit vergällt. Dort schmiegt sich an, was kein Überdruß auseinanderlöst. Das ist es, was ich liebe, wenn ich liebe meinen Gott.«
Hinter den nüchternen Worten des Exerzitienbuches »sein Leben ordnen« verbirgt sich die läuternde Leidenschaft eines Menschen, der sich auf Gott hin verlassen hat. Aus der be-sinnlichen Vertiefung in das Über-sinnliche können sich die heilenden und stärkenden Kräfte entbinden, die mir Lebensorientierung geben.
Es versteht sich von selbst, daß die »Anwendung der Sinne« auch außerhalb der Exerzitien praktiziert werden kann. Das gleiche gilt für die folgende Kontemplation.

Die Kontemplation, um Liebe zu erlangen (EB 230–237)

Die Exerzitien des heiligen Ignatius schließen mit der »Kontemplation, um Liebe zu erlangen«. Sie faßt am Ende noch einmal wie in einem Brennpunkt die ganze Dynamik (Be-wegung) des Exerzitiengeschehens zusammen und will zugleich den Übergang schaffen zum Alltag, in den der Übende wieder hineingeht. Echte Kontemplation drängt zurück zu den Menschen, in die »Ebenen«, wo gelebt, gefeiert, gelitten und gestorben wird. Echte Kontemplation drängt dorthin, wo Christus im Elend und in der Sehnsucht der Menschen stirbt und aufersteht. Echte Kontemplation drängt auf den Weg des Mensch-gewordenen Gottes, in die Nachfolge des »armen und geschmähten Christus«.

Damit die »Geistlichen Übungen« diesen Bodenkontakt behalten, leitet Ignatius die »Kontemplation, um Liebe zu erlangen« mit der lapidaren Bemerkung ein: »Die Liebe muß mehr in die Werke gelegt werden als in Worte« (EB 230).

»EB 230 *Betrachtung, um Liebe zu erlangen*

Zuerst ist es angebracht, zwei Dinge zu beachten:

– Die Liebe muß mehr in die *Werke* als in die *Worte* gelegt werden.

EB 231 – Die Liebe besteht in der Mitteilung von *beiden* Seiten her: nämlich darin, daß der Liebende dem Geliebten gibt und mitteilt, was er hat, oder von dem, was er hat oder kann; und genauso umgekehrt der Geliebte dem Liebenden. Wenn also der eine Wissen hat oder Ehren oder Reichtümer, dann gibt er es dem, der es nicht hat, so teilt einer dem anderen mit.

Das gewohnte *Vorbereitungsgebet*

EB 232 *Erste Hinführung:* Sehen, wie ich vor Gott, unserem Herrn, stehe, vor den Engeln, vor den Heiligen, die für mich eintreten.

EB 233 *Zweite Hinführung:* Bitten um innere Erkenntnis von so viel empfangenem Guten, damit ich alles dankbar anerkenne und so *in allem* seine göttliche Majestät lieben und ihr dienen kann.

EB 234 *Der erste Punkt:* Die empfangenen Wohltaten von Schöpfung und Erlösung und der besonderen Gaben *ins Gedächtnis rufen,* indem ich *mit großer Andacht und innerer Bewegung* (con mucho afecto) wäge, wieviel Gott, unser Herr, für mich getan hat und wieviel er mir von dem gegeben hat, was er hat, und folglich wie sehr derselbe Herr danach verlangt, sich mir weiterhin zu geben, soweit er es nur vermag.

Und dann mich zurückbesinnen auf mich selbst, indem ich sehr gründ-lich und IHM entsprechend (con mucha razón y justicia) erwäge, was ich von meiner Seite seiner göttlichen Majestät anbieten und geben muß, nämlich alles, was ich habe, zusammen mit mir selbst, wie einer, der mit *großem Verlangen sich anbietet:*

Nimm hin, Herr, und empfange
meine ganze Freiheit,
mein Gedächtnis, meinen Verstand
und meinen ganzen Willen,
all mein Haben und Besitzen.

Du hast es mir gegeben,
dir, Herr, gebe ich es zurück.
Alles ist dein,
verfüge nach deinem ganzen Willen.
Gib mir deine Liebe und Gnade,
das ist mir genug.

EB 235 *Der zweite Punkt: Schauen,* wie Gott in den Geschöpfen wohnt:
– in den Elementen, indem er ihnen Dasein gibt;
– in den Pflanzen, indem er sie belebt;
– in den Tieren, indem er ihnen sinnliche Wahrnehmung schenkt;
– in den Menschen, indem er ihnen Verstehen gibt; und so in mir,
– indem er mir Dasein gibt;
– indem er mich beseelt;
– indem er mir sinnliche Wahrnehmung schenkt
– und indem er mir Verstehen gibt;
– ebenso indem er einen Tempel aus mir macht, *da ich nach dem Gleichnis und Bild seiner göttlichen Majestät geschaffen bin.*

Dann wieder mich zurückbesinnen auf mich selbst, so wie es im ersten Punkt gesagt ist, oder auf eine andere Weise, wenn ich sie als besser empfinde. Auf die gleiche Weise soll man es bei jedem Punkt machen, der folgt.

EB 236 *Der dritte Punkt: Erwägen,* wie Gott sich in allen geschaffenen Dingen auf dem Angesicht der Erde für mich abmüht und arbeitet, das heißt, er handelt wie einer, der mühselige Arbeit tut: in den Himmeln, Elementen, Pflanzen, Früchten, Tieren usw., indem er ihnen Dasein gibt und sie erhält, indem er sie und ihnen sinnliche Wahrnehmung schenkt usw. Danach mich zurückbesinnen auf mich selbst.

EB 237 *Der vierte Punkt: Schauen,* wie alle Güter und Gaben von oben herabsteigen, etwa meine begrenzte Macht von der höchsten und unendlichen von oben, und genauso unsere Gerechtigkeit, Güte, Zuneigung (piedad), Barmherzigkeit usw.; so wie von der Sonne die Strahlen herabsteigen, vom Quell die Wasser usw.

Danach wieder in der genannten Weise mich zurückbesinnen auf micht selbst.

Schließen mit einem Gespräch und einem Vaterunser.«

Wie ist diese abschließende Übung näherhin zu verstehen und worauf kommt es dabei an? Es geht – wie die zweite Hinführung (EB 233) sagt – um das dankbare Innewerden all dessen, was dem Übenden im Verlauf der Exerzitien zur heilenden und stärkenden Gewißheit geworden ist, damit er »in *allem* seine göttliche Majestät lieben und ihr dienen kann«. Weil Gott selbst sich in diese Welt hinein entäußert hat und daraus nicht mehr zurückkehrt, darum können wir »Gott in allen Dingen finden«. Die Transparenz der Dinge auf Gott hin erfährt aber nur, wer »diesem Gott (auch) dort begegnet ist, wo er in das Dichteste, das am meisten von Gott gleichsam Abgesperrte, in das Finsterste und Undurchlässigste dieser Welt hinuntergestiegen ist: am Kreuz Jesu Christi. Erst dadurch wird das Auge des Sünders hell, wird ihm die Haltung der Indifferenz möglich, vermag er auch in jenen Dingen Gott zu finden, die ihn als

Kreuz treffen, und nicht nur dort, wo er ihn haben möchte« (Karl Rahner).[3] Diese weltbezogene Realität ist Dienst, der sich einfügt in das unablässige Mühen Gottes, das Verlorene zu suchen und zu retten.

Die vier Punkte der Kontemplation sind ein lebendiges Ganzes. Sie variieren in verschiedenen, einander ergänzenden und sich gegenseitig durchdringenden Betrachtungsweisen die »Länge und Breite, Höhe und Tiefe« der unbegreiflichen Liebe Gottes zum Menschen. Sie wollen aus der Zusammenschau »aller Dinge« auf Gott hin zu jener Gesinnung führen, wie es dem Leben in Christus Jesus entspricht (vgl. Phil 2,5).

1. Im ersten Punkt (EB 234) soll ich »mit großer Andacht und innerer Bewegung« (con mucho afecto) mir (noch einmal) vergegenwärtigen, »wieviel Gott, unser Herr, *für mich* getan hat und wieviel er *mir* von dem gegeben, was er hat, und wie sehr er danach verlangt, sich *mir* weiterhin zu geben, soweit er es nur vermag«. Gottes Liebe zum Menschen ist immer persönlich, individuell, konkret. *Ich* bin gemeint, wenn er sich mir in »Schöpfung und Erlösung und den besonderen Gaben« mitteilt.

Ebenso kann meine Antwort keine allgemeine sein. Die Exerzitien wollen ja gerade herausbringen, welches mein persönlicher Weg in der Nachfolge Jesu ist – über alles Gesetzmäßige und Ableitbare hinaus. *Ich* soll entdecken, mit welchen Gaben und in welchen Auf-gaben ich meiner individuellen Berufung nach-kommen soll. »Darum ist es beim Suchen des göttlichen Willens angemessener und viel besser, daß der Schöpfer und Herr selbst sich seiner ihm hingegebenen Seele mitteilte, sie

[3] Karl Rahner, Betrachtungen zum ignatianischen Exerzitienbuch, München 1965, S. 271 f.

zu seiner Liebe und seinem Lobpreis entflamme und sie für den Weg bereit mache (disponer), auf dem sie ihm künftig besser dienen kann« (EB 15). Auch meine Antwort ist also persönlich, individuell, konkret. »Ich erwäge sehr gründ-lich und ihm entsprechend, was ich *von meiner Seite* seiner göttlichen Majestät anbieten und geben muß.« Ignatius faßt die aus dem dankbaren Innewerden »von so viel empfangenen Wohltaten« gewachsene Sehnsucht (discreta caritas) im »Suscipe« zusammen. Es ist die zur Anbetung gewordene Antwort eines Menschen, der von Gottes Leidenschaft für diese Welt be-wegt ist.

»Nimm hin, Herr, und empfange
meine ganze Freiheit,
mein Gedächtnis, meinen Verstand
und meinen ganzen Willen,
all mein Haben und Besitzen.

Du hast es mir gegeben,
dir, Herr, gebe ich es zurück.
Alles ist dein,
verfüge darüber nach deinem Willen.
Gib mir deine Liebe und Gnade,
das ist mir genug.

Mit diesem Gebet werden alle vier Punkte der letzten Übung abgeschlossen. Das »Suscipe« ist wie der Refrain eines Liedes, das aus der Tiefe eines Menschen aufsteigt, »der Liebe erlangt hat«.
2. Im zweiten Punkt (EB 235) soll ich »schauen (mirar), wie Gott in den Geschöpfen wohnt«, wie er mir in allen Dingen nahe ist. Ich soll dankbar innewerden, wie Gottes Liebe das Ganze der geschöpflichen Wirklichkeit

umfaßt und durchdringt und wie ich selbst mit all meinen »Lebensschichten« in diese grenzenlose Selbstmitteilung einbezogen bin. Das Entscheidende aber ist, daß »er einen Tempel aus mir macht, da ich nach dem Gleichnis und Bild seiner göttlichen Majestät geschaffen bin«. Gott hat mir einen unverwechselbaren Namen gegeben und mich zur Würde eines Partners erhoben.
Er hat mich gerufen, zu der einmaligen Ganzheit zu wachsen, zu der ich von ihm her angelegt bin. Paulus sagt im Römerbrief, daß Gott uns im voraus erkannt und auch dazu vorausbestimmt hat, dem Bilde seines Sohnes gleichgestaltet zu werden (8,29). In Gemeinschaft mit den anderen sollen wir »zur Einheit im Glauben und in der Erkenntnis des Sohnes Gottes gelangen, damit wir zum vollkommenen Menschen werden und Christus in seiner vollendeten Gestalt darstellen«. Wir sollen »in allem (in jeder Hinsicht) wachsen, bis wir ihn erreicht haben« (Eph 4, 13ff).
So wird die im »Suscipe« erneut angesprochene Antwort meine ganze geschöpfliche Wirklichkeit umfassen und dadurch den »vergöttlichenden und erlösenden Eingang Gottes in alle Dinge« mitvollziehen.
3. Der dritte Punkt (EB 236) setzt die göttliche Bewegung des Mit-teilens fort und läßt den »Preis« des göttlichen »Einsatzes« deutlich wahrnehmen. Ich soll »erwägen (considerar), wie Gott sich in allen geschaffenen Dingen auf dem Angesicht der Erde *für mich* abmüht und arbeitet, das heißt er handelt wie einer, der mühselige Arbeit tut«. Hier klingt noch einmal an, was Ignatius den Übenden in der Betrachtung von der Geburt Christi »schauen und erwägen« läßt: »daß der Herr in der größten Armut geboren wird und am Ende von so viel Mühen, von Hunger und Durst, von Hitze und

Kälte, von Schmähungen und Anfeindungen am Kreuz stirbt, und das alles *für mich*« (EB 116). Ich soll deutlich spüren, was es Gott alles kostet, damit ich zu dem Bild und Gleichnis unterwegs bleibe, das Er sich von mir gemacht hat. Die Erfahrung, daß ich in Gottes Augen so kostbar bin und er um meinetwillen keine Mühe scheut, drängt wieder in die christusförmige Antwort des »Suscipe«: sich einzufügen in die Heimführung »aller Dinge« zum Vater.

4. Der vierte Punkt (EB 237) betont im Bild des Abstiegs, daß ich mich in allem Gott verdanke, so wie die Strahlen sich der Sonne und die Wasser sich der Quelle verdanken. Hier wird das »Suscipe« zu der geschöpflichen Antwort schlechthin.

Es ist Ausdruck verdankter Existenz. Der so innig mit Gott verbundene Mensch kann sich dann großzügig aller Mittel dieser Welt bedienen, sofern er sie allein um des Dienstes Gottes willen gebraucht, nicht um auf sie zu vertrauen, sondern um »die guten Werke zu tun, die er uns im voraus bereitet hat« (Eph 2, 10).

Die Exerzitien sind Einübung in eine Freiheit, die den Menschen über seine Grenzen hinausträgt. Ihr tiefster Sinn ist die Befähigung zur Hingabe an das Geheimnis Gott: *Anbetung!* Aus den Exerzitien »erwirbt« man sich »ein Verständnis und ein ganz feines Gefühl für seinen eigenen, ganz besonderen Ruf und damit eine ganz eigene Ruhe und Vereinigung mit Gott, im geistlichen Gehorsam und im unablässigen Gehen auf dem Weg, auf dem man zu Gott pilgern soll« (Jeronimo Nadal).

Vom Weg des Schweigens im Gebet nach der »Wolke des Nichtwissens«

1. Hinführung

Wer sich regelmäßig Zeit zum Beten nimmt und sich darum müht, daß sein Beten auch seinem Leben entspricht und umgekehrt, wird vermutlich die Erfahrung machen, daß sein Beten eher einem Entwicklungsprozeß gleicht als einer Stufenrakete, die – einmal gezündet – in die Höhe steigt und sich nach und nach von den ausgebrannten Trägerstufen löst, bis die Raumkapsel in den Anziehungsbereich des Himmelsplaneten gerät und ihn dann allein ungestört umkreist.

In unserem Gebet stehen wir oft genug wieder am Anfang und müssen mit einfachen, tastenden Schritten von neuem beginnen. Es gilt jeweils neu zu entdecken, wie einer seiner Anlage und seiner augenblicklichen Verfassung entsprechend den Anregungen des Geistes nachkommen kann. Die beste Weise zu beten ist immer jene, die einem im gegenwärtigen Zustand besser hilft, in die Gesinnung hineinzuwachsen, die dem Leben in Christus Jesus entspricht (Phil 2, 5). »Die beste Form des Gebetes, zu der wir zu einem bestimmten Zeitpunkt finden können, ist die, zu der uns der Heilige Geist gerade führt.«[1] An dieser Freiheit des Geistes relativieren sich alle methodischen Schritte und alle sogenannten Stufen oder »Gezeiten« des Gebetes. Das ist im Auge zu behalten, wenn nun einiges zum *Weg des Schweigens im Gebet* zu sagen versucht wird.

[1] Das Jesusgebet, Anleitung und Anrufung des Namens Jesu. Nr. 21 (siehe Literaturhinweise zum Jesusgebet).

Was damit gemeint ist, kommt recht anschaulich in folgendem Gebet zur Sprache:

»Herr, dasein vor dir,
das ist alles.
Die Augen meines Leibes schließen,
alle Sinne ruhen lassen
und still werden – regungslos;
mich dir aussetzen,
wie du dich mir ausgesetzt hast.
Dir gegenwärtig sein, dem Allgegenwärtigen.

Herr, einfach dasein möchte ich vor dir,
leer von jedem Gedanken,
von jedem Bild,
leer von allem Gemachten und Gewollten.
Herr, einfach dasein möchte ich vor dir
und dir ohne Hindernis begegnen
im Schweigen des Glaubens.«[2]

Einen Weg des Schweigens von klassischer Einfachheit verdanken wir einem englischen Mystiker aus dem 14. Jahrhundert, dem anonymen Verfasser der »Wolke des Nichtwissens«. Zu seiner Zeit war aus der Suche vieler Menschen nach einer kontemplativen Spiritualität eine breite Bewegung unter den Laien geworden. Der »Schwarze Tod«, der zwischen 1348 und 1369 ungefähr ein Drittel der Bevölkerung hinwegraffte, der endlose Krieg mit Frankreich, die »babylonische Gefangenschaft« der Kirche und das große Schisma hatten unter der Bevölkerung zu einem weit verbreiteten Gefühl von Unsicherheit und Bedrohung sowie zu einem Verlust

[2] Diesem Gebet liegt ein Text von Michel Quoist zugrunde, in: Herr, da bin ich. Graz ³1956, S. 159f.

an religiöser Geborgenheit geführt. So kam es, daß damals viele Menschen, vor allem unter den »zunehmend kritisch denkenden Gläubigen« (W. Riehle), nach einem Weg suchten, der eine persönliche, unmittelbare Begegnung mit Gott ermöglichte. Unter ihnen waren zahlreiche Männer und Frauen, die ein aktives Leben mit Kontemplation verbinden wollten, ohne ihre familiären Bindungen und sozialen Verpflichtungen aufzugeben.
Für die geistliche Betreuung dieser Suchenden waren die »Seelenführer« von großer Bedeutung. Zu ihnen gehörte auch der Verfasser der *»Wolke«*. Er hat bis jetzt allen Bemühungen widerstanden, seine Anonymität aufzuhellen. Aus seinem Werk, das außer der »Wolke« noch andere Texte umfaßt, lassen sich kaum Rückschlüsse auf seine Biographie ziehen. Wir wissen lediglich, daß er in den letzten Jahrzehnten des 14. Jahrhunderts wirkte und in dem Dialekt schrieb, der im nördlichen Teil der central East Midlands um diese Zeit gesprochen wurde. Vermutlich war er Priester und gehörte einem kontemplativen Orden an. Sein Werk zeugt von einer breiten und fundierten theologischen Bildung und offenbart bei aller Originalität eine Vertrautheit im Umgang mit den traditionellen Übungsschritten auf dem Weg zu einem kontemplativen Leben.
Sein Werk übt bis auf unsere Tage auf viele ernsthaft Suchende eine erstaunliche Anziehungskraft aus. Das liegt nicht zuletzt daran, daß uns hier eine spirituelle Persönlichkeit von seltener Kompetenz begegnet, die ihre eigenen Erfahrungen diskret mit einfließen läßt. Die Klarheit seiner Orientierungen ist frei von geistiger Enge und asketischer Strenge. Er zeigt viel Verständnis für die Anfangsschwierigkeiten seiner Schüler und weist trotz aller Zeitbedingtheit seines theologischen

Hintergrundes einen *Weg von klassischer Einfachheit.* Mit Humor und feinem Spott setzt er sich von pseudomystischen Phänomenen seiner Zeit ab. Seine Weisungen kommen aus einer positiven Grundeinstellung zum *Leben* und haben nichts gemein mit einem resignierten Rückzug in die private Innerlichkeit.

2. Das Ziel des kontemplativen Bemühens

Der Autor der »Wolke des Nichtwissens« gibt in seinem »Brief« von der mystischen Seelenführung (MS) die Anweisung: »Willst du beten, vergesse alles, was du getan hast oder vorhast zu tun. Laß alle Gedanken vorüberziehen, gleich, ob gute oder böse. Gebrauche beim Beten keine Worte, es sei denn, du fühlst dich innerlich dazu gedrängt ... *Nur eines habe im Sinn, daß in deinem Herzen eine einfache tiefe Sehnsucht nach Gott wach ist ...* Laß also dein Denken und Fühlen auf ihn hin eins werden, indem du versuchst, alles Nachdenken über ihn und über dich aufzugeben. Halte dein Denken leer, dein Fühlen unabhängig und dich selbst in reiner Gegenwärtigkeit, damit Gnade dich anrühren und dich kräftigen kann mit der Erfahrung der wirklichen Gegenwart Gottes.«

Dieses liebende Sich-ausrichten ist der Kern seiner Einführung in den Weg des Schweigens. In immer neu variierenden Formulierungen sucht der Autor das einzig Entscheidende herauszustellen: Willst du vorankommen, laß in dir eine ganz tiefe Sehnsucht nach Gott wachsen.

Diese Sehnsucht ist zwar letztlich sein Geschenk an dich, doch an dir liegt es, sie zuzulassen und sie zur Entfaltung kommen zu lassen (vgl. W Kap. 2).

Tu nichts anderes, als dein Herz mit einer demütigen Regung der Liebe Gott hinzuhalten. Sehne dich nach ihm und nicht nach seinen Gaben. Laß es deine einzige Sorge sein, mit ungeteilter Aufmerksamkeit auf ihn ausgerichtet zu sein. Versuche mit allen Kräften, alles andere zu vergessen (vgl. W Kap. 3).

Laß nur noch deine liebende Sehnsucht mutig und froh emporsteigen, um das Dunkel über dir zu durchdringen. Durchstoße diese dichte *Wolke des Nichtwissens* mit dem Speer deiner liebenden Sehnsucht. Laß nicht nach, mag kommen, was will (vgl. W Kap. 6).

Versuche ohne Unterlaß, mit dem spitzen Speer deines liebenden Verlangens die *Wolke des Nichtwissens* zwischen dir und Gott zu durchbohren. Weigere dich, an etwas zu denken, was geringer ist als Gott, und laß dich durch nichts ablenken (vgl. W Kap. 12).

Es genügt ein einfaches Verlangen (a naked intention), eine Sehnsucht, die einzig auf Gott gerichtet ist (Kap. 7).

»Nimm den guten gnädigen Gott ... und lege ihn gleichsam als Heilverband um dein krankes Selbst ... Halte Gott einfach dein krankes Selbst hin und laß deine Sehnsucht sich aufmachen, ihn ... zu berühren. Denn ihn berühren, heißt heil werden« (MS).

Der Autor der »Wolke« ist sehr zurückhaltend gegenüber starken Gefühlsäußerungen in der kontemplativen Übung: Solange sich unsere Sehnsucht noch mit Gefühlen mischt, ist sie Gott nicht so nahe, als wenn sie ganz behutsam in der lauteren Tiefe des Geistes lebendig ist.

Nimm deine Sehnsucht in die Tiefe deines Geistes, in den Seelengrund hinein, weit weg von jeder Vermengung mit irgendeiner sinnlichen Empfindung, die ihre geistige Eigenschaft mindert und weiter von Gott wegführt (vgl. W Kap. 47).

Die gleiche Zurückhaltung übt der Autor gegenüber der Entfaltung unserer imaginativen Kräfte in der Kontemplation. Seiner Meinung nach lenkt das eher von Gott ab. Die Möglichkeit einer kontemplativen Vereinigung mit Gott hängt von IHM, nicht von unseren Fähigkeiten ab.

Das liebende Verlangen eines lauteren Herzens kann mit keinem Mittel und keiner Methode erzwungen werden. Gott selbst bewirkt es (vgl. W Kap. 48).

Auch *Johannes Tauler* u. a. spricht von der Notwendigkeit, sich von allem zu lösen, was einer ungeteilten und geläuterten Hinwendung des Beters zu Gott im Weg steht: »Wirst du dessen gewahr, daß Gott dich nach innen ziehen will, laß alles fallen, folge Gott einfach, laß alle deine bildhaften Vorstellungen fallen. Kommen dir irgendwelche Gedanken dazwischen, laß sie fallen, sollten es selbst göttliche Erleuchtungen sein. Maße dir nichts an durch deine Sinne; kommst du mit all dem nicht zum Ziel, leg' es auf Gott: Er wird es gut machen.« Natur und Vernunft werden so geläutert, der Kopf gestärkt, der Mensch den Tag über friedlicher, gütiger und ruhiger, dank der inneren Übung, durch die er sich mit Gott vereinigt hat. Davon werden alle seine Werke gut geordnet.[3]

Und *Johannes vom Kreuz* sagt im »Aufstieg zum Berge Karmel«: »Der Mensch muß sich ganz und gar von allem entäußern, was in seinen Fassungsbereich fallen kann ... Er muß wie ein Blinder im Dunkel bleiben und sich auf den dunklen Glauben stützen und ihn zur Leuchte und zum Führer wählen, statt auf seinen Verstand, Geschmack, sein Gefühl oder seine Vorstellungs-

[3] Emmanuel Jungclaussen, Der Meister in Dir, Freiburg 1975. S. 55f.

kraft zu vertrauen. Denn das alles ist Finsternis, die ihn in die Irre führt und aufhält. Der Glaube hingegen ist über allem solchen Verstehen, Genießen, Empfinden, Vorstellen. Wird aber der Mensch dafür nicht blind und bleibt dafür nicht in vollständigem Dunkel, dann gelangt er auch nicht zu dem, was darüber erhaben ist, was ihn der Glaube lehrt« (II, 3).

3. Der Kern der kontemplativen Übung

Um in gesammelter Aufmerksamkeit und in diesem liebenden Aus-sein auf Gott hin auszuharren und nicht ins Assoziieren, Phantasieren oder Dösen abzugleiten oder sich in Gedankenprozesse zu verheddern, empfiehlt der Autor der »Wolke« dem Beter auf den Weg des Schweigens, sich für die Zeit der Übung ein kurzes, am besten ein einsilbiges Wort auszuwählen. In diesem Wort soll er die ganze Kraft seiner Sehnsucht nach Gott sammeln und alle Zerstreuungen und störende Gedanken abwehren. *»Willst du deine Sehnsucht in ein Wort fassen, um dich besser daran halten zu können, nimm am besten ein kurzes Wort mit einer einzigen Silbe ... Nimm dieses Wort so tief in dich hinein, daß es nicht verklingt, was auch geschehen mag* ... Benutze es, um in die dunkle Wolke über dir zu stoßen. Alle Zerstreuungen wehre damit ab und bringe sie unter die Wolke des Vergessens« (W Kap. 7).

Es genügt also, seine Aufmerksamkeit auf ein einziges Wort zu richten und die Wirklichkeit, für die das Wort steht, auf sich wirken zu lassen. Dabei gilt es, die Neugier des Verstandes zu bändigen und darauf zu verzichten, das Wort zu analysieren und seinen verschiedenen Bedeutungen nachzugehen. So etwas ist der kontempla-

tiven Übung abträglich. Das Wort muß in seiner Ganzheit belassen werden (vgl. W Kap. 36).
In dem kurzen Wort soll das Verlangen nach Gott allein gegenwärtig sein. Außer ihm soll nichts unsere Gedanken und unser Herz erfüllen (vgl. W Kap. 40).
»Laß jeden Gedanken vorüberziehen, mag er noch so klar und wohltuend sein. Bedecke ihn mit einer dichten *Wolke des Vergessens,* denn in unserem irdischen Leben kann nicht unser Wissen und Denken bis zu Gott dringen, sondern nur die Liebe« (W Kap. 8).
Die Weisung, alle Gedanken und Vorstellungen vorüberziehen und hinter sich zu lassen, wiederholt der Autor der »Wolke« im nächsten Kapitel und fügt hinzu, daß eine einzige blinde Regung der Liebe zu Gott ihm mehr gefalle als alles andere, was man tun könnte. Wann immer also der Beter sich zu dieser (dunklen) Kontemplation hingezogen fühlt, soll er sich diesem »geheimnisvollen Zug« überlassen und ebenso sorgfältig wie entschieden darauf achten, alles loszulassen und ruhenzulassen: seine leiblichen Sinne, seine geistlichen Fähigkeiten, seine intellektuellen Aktivitäten, alles, was er außerhalb seiner selbst mit seinen Sinnen wahrnehmen, und alles, was er in seinem Innern mit seinem geistlichen Wahrnehmungsvermögen erkennen kann.
In diesem Zusammenhang ist es wichtig, daß es nicht die Geschöpfe selbst sind, die unter die Wolke des Vergessens gestoßen werden, sondern nur der Gedanke, die Erinnerung an sie, die Vorstellung von ihnen. Und das geschieht auch nur während der kontemplativen Übung. Nicht als wären die Geschöpfe in irgendeiner Weise vom Bösen, sie sollen nur nicht Gegenstand unserer Aufmerksamkeit sein, solange wir in der kontemplativen Übung verweilen.

Das Vergessen von *allem,* was geringer ist als Gott, das Leerwerden von allem, was unsere Sinneswahrnehmung und unser intellektuelles Vermögen, was unser Gedächtnis und unsere Vorstellungskraft präsentieren, ist sinnlos und sogar gefährlich, wenn der Übende nicht sich liebend auf Gott hin ausrichtet.

Die »Wolke des Nichtwissens« ist nur ein Mittel, um die liebende Sehnsucht nach Gott, »the blind stirring of love« zu pflegen. Sie will nicht das Wissen auslöschen, sondern das ungeordnete Verlangen, mit dem unser Wissen gekoppelt ist (Wißbegier).

Wenn die Wolke des Vergessens die Seele gereinigt hat, ist sie frei, zu lieben in der Freiheit des Geistes. Wer alles losgelassen hat, erhält alles wieder zurück: ein von Gott verwandelter Mensch – sein Ebenbild. Wenn die Wolke des Vergessens ihr Werk vollbracht hat, kann man sich wieder erinnern. Es geht also nicht um ein Zerstören, sondern um ein Verwandeln.[4]

4. Die Mühe der kontemplativen Übung

Das Einüben in die innere Sammlung, das Loslassen der zahllosen Gedanken, Bilder und Vorstellungen ist ein mühsamer Weg: wer sich zur Kontemplation hingezogen fühlt, soll großmütig und entschlossen die Mühe auf sich nehmen, die mit dem Einüben der inneren Sammlung verbunden ist. Die eigentliche Mühe besteht darin, die Erinnerung an die Geschöpfe unter die *Wolke des Vergessens* zu bringen.

[4] Vgl. W. Johnston. The Mysticism of the Cloud of beknowing S. 181 ff (siehe Literaturhinweise zum Weg des Schweigens nach dem Autor der »Wolke des Nichtwissens«).

»Wenn du dir nur anfangs die größte Mühe gibst, wirst du bald von der Größe und Schwere dieser Arbeit erleichtert werden. Denn wenn auch dieses Werk am Beginn, solange du noch nicht zur wahren Kontemplation gefunden hast, hart und schwer ist, wird dir, sobald du die rechte Kontemplation erlernt hast, das mühelos und leicht vorkommen, was für dich zuerst sehr schwer war, und dann brauchst du dich nur noch wenig oder gar nicht mehr abzumühen. Denn dann will Gott zuweilen ganz allein in dir wirken; immer aber wird er es nicht tun und auch nicht lange Zeit hindurch, vielmehr nur, wann und wie es ihm gefällt. Und dann wirst du Freude daran haben, ihn ungestört walten zu lassen.
Vielleicht sendet er dann gelegentlich einen Strahl geistigen Lichtes aus, der diese Wolke durchbricht, die zwischen dir und ihm ist, um dir etwas von seinen Geheimnissen zu zeigen, von denen der Mensch weder sprechen darf noch kann« (W Kap. 26).

Es kommt darauf an, unablässig in dieser kontemplativen Übung fortzufahren, bis sie schließlich das ganze Leben durchdringt (vgl. W Kap. 34).

Mit Techniken und Methoden ist die kontemplative Liebe, das »Werk«, nicht zu erreichen. Alle Hilfen sind abhängig von dieser kontemplativen Liebe. Sie selbst aber ist unabhängig von ihnen (vgl. W Kap. 34).

Der Autor der »Wolke« warnt den Beter davor, krampfhaft zu üben. Er solle eher mit weiser Kunst als mit falscher Kraftanstrengung wirken. Eine gewisse Gelassenheit ist der Kontemplation bekömmlicher als tierischer Ernst (vgl. W Kap. 46).

Wenn jemand sich zur kontemplativen Übung hingezogen fühlt, soll er/sie am Anfang nur kurze Zeit sich abmühen und dann ausruhen. Der Autor legt großen

Wert darauf, der göttlichen und menschlichen Spontaneität in der Kontemplation ihren Raum zu belassen. Wir müssen mit freudigem Eifer »üben«, nicht mit Gewalt. Echte Kontemplation steigt aus einer Tiefe auf, die wir nicht manipulieren können. Alles, was wir tun können, ist: uns zu disponieren und uns nicht einzumischen, wenn diese kontemplative Regung in uns aufsteigt. In diesem Zusammenhang macht dieser Lehrer des geistlichen Lebens auch deutlich, daß das kontemplative Leben einen gesunden, gelösten und belastbaren Leib und eine ebensolche Seele braucht (vgl. auch W Kap. 41).

Wer den Weg der Kontemplation geht, sollte sich nicht zuletzt durch das Lesen, Hören und Betrachten der Heiligen Schrift darauf vorbereiten: Anfänger und auch Fortgeschrittene müssen sich nicht wundern, wenn sie nicht beten können, falls sie sich nicht die Mühe machen, Gottes Wort zu meditieren. Aber auch wer schon über Erfahrung im kontemplativen Leben verfügt, muß Gottes Wort lesen und hören, bevor er es meditiert (betrachtet). Ohne ernsthafte Meditation gibt es kein ernsthaftes Gebet und keine Kontemplation (vgl. W Kap. 35). (Abdruck mit Wolke)

5. Der theologische Kontext der kontemplativen Übung

1. *Gott um seiner selbst willen zu lieben* (W Kap. 5), *Gott Gott sein zu lassen.*

2. *Die Gottebenbildlichkeit des Menschen wiederherzustellen*

Jeder von uns ist nach dem Bild Gottes geschaffen, ihm ähnlich, und er ist gerufen, zu der einmaligen Ganzheit zu wachsen, zu der er von Gott her angelegt ist. Paulus sagt im Römerbrief, daß Gott uns im voraus erkannt und auch dazu vorausbestimmt hat, dem Bilde seines Sohnes gleichgestaltet zu werden (8,29). In Gemeinschaft mit den anderen sollen wir »zur Einheit ... in der Erkenntnis des Sohnes Gottes gelangen, damit wir zum vollkommenen Menschen werden und Christus in seiner vollendeten Gestalt darstellen«. Wir sollen »in *allem* (in jeder Hinsicht) wachsen, bis wir ihn erreicht haben« (Eph 4,13ff). Durch das »Werk«, d.h. durch die kontemplative Übung, das Exerzitium wird die Gott-ebenbildlichkeit des Menschen wiederhergestellt (vgl. W Kap. 4).

3. *Die Sünde zu überwinden*

Kein anderes »Werk« reinigt dich so sehr und macht dich so lauter wie dieses ... (W Kap. 3). Es geht nicht nur an »den Grund und die Wurzel der Sünde, soweit das hienieden möglich ist«, sondern läßt den Menschen im Guten wachsen (vgl. W Kap. 12).

4. *Den Nächsten zu lieben*

Für den, der vollen Ernst macht mit der kontemplativen Übung, wird nach und nach »ein Mensch wie der andere, mag er nun verwandt oder fremd, Freund oder Feind sein ... Alle Menschen erscheinen ihm als Freunde und keiner als Feind ...« (W Kap. 24). Der Autor ergänzt im nächsten Kapitel: »Wer ein rechter Jünger unseres Herrn sein will, der muß sich im Geist bei diesem ›Werk‹ sehr abmühen und so zur Erlösung seiner Brüder und Schwestern beitragen, wie unser Herr seinen Leib ans Kreuz schlagen ließ« (W Kap. 25).

6. Voraussetzungen für den Weg der Kontemplation

Keiner findet zur Kontemplation, der nicht lange Zeit die Heilige Schrift *meditiert* und sich *geläutert* hat. Der Autor warnt diejenigen, die sich vor der Zeit auf den Weg der Kontemplation machen wollen. Denn auf dem Weg zur Kontemplation sind wichtige »Stufen« nicht zu überspringen:

1. *Meditation der Heiligen Schrift*

Der/die Übende sollte sich durch das Lesen, Hören und Betrachten der Heiligen Schrift darauf vorbereiten; die Betrachtung führt zum Beten und schließlich zur Kontemplation (lectio → meditatio → oratio → contemplatio). Darum sollten Anfänger und auch Fortgeschrittene sich nicht wundern, wenn sie nicht beten können, falls sie sich nicht die Mühe machen, über Gottes Wort nachzusinnen. Auch wer schon über Erfahrung im kontemplativen Leben verfügt, muß Gottes Wort lesen und hören, bevor er es meditiert (betrachtet). Ohne ernsthafte Meditation gibt es kein ernsthaftes Gebet und keine Kontemplation (vgl. W Kap. 35).

Die Meditation der Heiligen Schrift unterweist den Geist, bewegt den Willen und erwärmt das Herz fürs Gebet. Alle großen Lehrer des Gebetes betrachten die *Meditation* als einen grundlegenden Schritt im Gebetsleben. Hier erfährt man etwas von Gott und lernt auf seine Stimme zu hören. Wer glaubt, er könne »zur Kontemplation gelangen ohne viele vorausgehende tröstliche Meditationen über die eigene Erbärmlichkeit, das Leiden Christi und Gottes große Güte und Erhabenheit, wird sicher irregehen.« Man muß sich in diesen Meditationen lange geübt haben (vgl. W Kap. 7). Dafür gibt der Autor zwei Gründe an:

a) Bevor unsere *Vorstellungskraft* nicht über längere Zeit durch Meditation in Zucht genommen ist, kann man der vielen verschiedenartigen Gedanken, Bilder und Phantasiegebilde, die durch die Aktivität unserer Vorstellungskraft dem Bewußtsein angeboten und eingeprägt werden, nicht Herr werden (vgl. W Kap. 65).
b) Gottes Wort ist mit einem Spiegel zu vergleichen: ohne das Lesen und Hören, ohne das Meditieren des Gotteswortes ist es nach menschlichem Ermessen nicht möglich, sich als Sünder zu erkennen (W Kap. 35).

2. *Läuterung des Herzens* (Umkehr)
Wer sich auf den Weg der Kontemplation gezogen fühlt, muß zuerst *»sein Gewissen reinigen!* Und danach, wenn man alles, was zur *Beichte* gehört, ordnungsgemäß und nach Kräften getan hat, soll man sich ... an dieses ›Werk‹ machen« (W Kap. 28). Der Umkehrprozeß soll im Rahmen der kirchlichen Bußpraxis und in Übereinstimmung mit dem geistlichen Begleiter geschehen (vgl. W Kap. 75).

3. *Entscheidung* für das kontemplative Leben
Für das kontemplative Leben ist eine Entscheidung notwendig: »mit lauterem Willen und in ungeteilter Hingabe«, »ein vollkommener Jünger Christi zu sein« (W Prolog). Die Entscheidung soll mit Zustimmung des geistlichen Begleiters gefällt werden (W Kap. 16). Wer sich also aufrichtigen Herzens für das kontemplative Leben entschieden hat, soll in dieser Gnade und in diesem »Werk« wirken.

7. Zeichen/Kriterien für den Weg der Kontemplation

Um einen Ruf zur Kontemplation richtig erkennen zu können, sind folgende Kriterien wichtig:

1. Ein wachsendes Verlangen nach Kontemplation, das sich während der täglichen Gebetsübungen ständig bemerkbar macht – eine Sehnsucht, die sich ganz von selbst einstellt!
2. Eine Unfähigkeit, gegenständlich zu meditieren.
3. Eine »stille Sehnsucht« nach Gott, d.h. wenn du dich von etwas freudig bewegt fühlst, wobei du an nichts geringeres als an Gott denkst und dein Verlangen bloß und unmittelbar auf IHN gerichtet ist (vgl. W Kap. 34).
4. Keine rechte Freude an geschaffenen Dingen, ein Gefühl von Arm-»seligkeit.«
5. Ein Gefühl völliger Unzulänglichkeit, solange nicht diese einfache liebende Sehnsucht der innere Beweggrund für dein ganzes Wirken ist (W Kap. 75).
6. Eine Sehnsucht nach Einsamkeit, die inneren Frieden und Ruhe gibt (keine Flucht).
7. Eine tiefe Freude, die immer dann auftritt, wenn du über Kontemplation hörst oder liest – eine Freude, die dich begleitet, wenn du am Abend zu Bett gehst und am Morgen aufstehst.
8. Die Erfahrung von Glück, wenn nach längerer Zeit der Trockenheit diese »stille liebende Sehnsucht« nach Gott sich plötzlich wieder meldet – eine tiefe Freude, die größer ist als der vorher empfundene Schmerz über ihren Verlust (W Kap. 75).

Die Übung des Jesusgebetes

»Jesus ist das brennende Licht,
das der Name wie eine Linse sammeln
und lenken kann,
bis ein Feuer in uns entzündet ist.«

(von einem Mönch der Ostkirche)

Einen breiten Strom christlicher Gebetstradition, der in die gleiche Richtung wie die »Wolke« weist, finden wir in der Ostkirche mit der Übung des Herzensgebetes. Sie reicht zurück bis zu den Anfängen des christlichen Mönchtums in der ägyptischen Wüste im 3. Jahrhundert n. Chr. und findet ihren Höhepunkt in bezug auf ihre Praxis und theologische Begründung auf dem Berg Athos, besonders beim heiligen Gregor Palamas (1296 – 1359). Durch Nil Sorskij (1433 – 1508) kam die Übung schon früh vom Athos nach Rußland und erlebte vor allem durch den weitgereisten Paissij Welikkowskij vom Ausgang des 18. Jahrhunderts an eine neue Blütezeit, die bis zum Beginn des 20. Jahrhunderts andauerte.

Das zentrale Moment dieses geistlichen Weges ist das Mühen um Hesychía, jener wachen und schöpferischen Herzensruhe, jener Qualität des Schweigens und der Stille, in der das geschehen kann, was der Täufer über Christus sagt: »Er muß wachsen, ich aber muß abnehmen« (Joh 3, 30).

Dieser Weg des inneren Schweigens ist an keinen geographischen Ort gebunden, sondern ebenso gut möglich »mitten in den Städten« wie in den »Bergen und Zelten«, betont der heilige Simeon der neue Theologe

(† 1022). Verheiratete mit Familie, eingebunden in ein aktives berufliches Leben mit seinen Alltagssorgen, können ihn ebenso gehen wie Mönche und Einsiedler.[1] Der Laie Nikolaus Cabasilas (14. Jahrhundert), ein Staatsbeamter am kaiserlichen Hof, äußert mit Nachdruck, daß jeder bei seinem Handwerk oder Beruf bleiben solle. Wer General ist, solle weiter kommandieren, der Bauer weiter sein Land bestellen und der Künstler sein Handwerk ausüben. Denn es sei nicht notwendig, sich in die Wüste zurückzuziehen, ungenießbare Nahrung zu sich zu nehmen, seine Kleidung zu ändern, die Gesundheit aufs Spiel zu setzen oder irgend etwas Unkluges zu tun. Es sei ebenso gut möglich, in seinem eigenen Haus zu bleiben, ohne all seinen Besitz aufzugeben, und inmitten all seiner Tätigkeit sich im Schweigen des Herzens vor Gott zu üben.[2] Es kommt also auf die Klausur des Herzens an, in der die liebende Ausrichtung auf Gott hin lebendig bleiben kann.

Wie hilft nun die Übung des Jesusgebetes, sich für diese Qualität des Schweigens und der Stille zu disponieren? Wer sich zum Beten sammelt und sich zum Schweigen bringen möchte, spürt immer neu das Unvermögen, mit seinem ganzen Sein hier und jetzt ganz »da« zu sein. Ein ruheloser Strom von Gedanken, Bildern und Vorstellungen bewegt sich durch seinen Kopf. Gewaltsam kann man diese Flut nicht aufhalten, aber es ist möglich, durch das unablässige Wiederholen einer Gebetsformel die ruhelose Aktivität unseres Geistes nach und nach zu vereinfachen und schrittweise die Gedanken, Bilder und Vorstellungen loszulassen, die das bewußte

[1] Kallistos Ware, Schweigen im Gebet, S. 433 (siehe Literaturhinweise zum Jesusgebet).
[2] op. cit. S. 444.

und unbewußte Selbst uns präsentieren. Dieses Loslassen scheint dem zu entsprechen, was Evagrius Pontikus († 399) im Sinn hatte, als er das Beten ein »Beiseitelegen der Gedanken« nannte.

Die ruhige und beständige Anrufung des Namens Jesu hilft, unseren unruhig bewegten Geist aus der Zerstreuung zu sammeln und auf einen Zielpunkt hin zu konzentrieren. »Durch die Erinnerung an Jesus«, schreibt der heilige Philotheus vom Sinai (9. – 10. Jahrhundert), »sammle deinen zerstreuten Geist.«

Die Übung des Jesusgebetes ist zunächst sehr einfach: Man wiederholt mündlich oder im Innern unaufhörlich das Gebet: »Herr, Jesus Christus, erbarme dich meiner.« In der Ostkirche ist die gebräuchlichste Form: »Herr Jesus Christus, Sohn Gottes, erbarme dich meiner, des Sünders.« Welche Gebetsformel auch immer man verwendet, Mittelpunkt und Herzstück der Anrufung muß der heilige Name selbst sein, das Wort »Jesus«. In ihm liegt die ganze Kraft der Anrufung.[3]

Das ruhige, unablässige Wiederholen dieser Gebetsworte kann man auch mit dem Rhythmus des Atems in Einklang bringen: beim Einatmen »Herr, Jesus Christus«, beim Ausatmen »erbarme dich meiner«.

Im Rhythmus dieser konzentrierenden Gebetsübung löst sich die Aufmerksamkeit unseres Bewußtseins allmählich von dem, was die Stille und das Schweigen des Herzens stört, und sammelt sich auf Anbetung hin ...

Wenn du den heiligen Namen wiederholst, so konzentriere deine Gedanken, Gefühle und Wünsche nach und nach auf den Namen. Sammle in ihm dein ganzes Wesen.

Wie ein Öltropfen auf einem Tuch sich ausbreitet und

[3] Vgl. Das Jesusgebet, op. Cit. Nr. 1.

es durchtränkt, so laß den Namen deine Seele durchdringen. Nicht der kleinste Teil deines Selbst soll davon ausgenommen sein. Unterwerfe dein ganzes Sein und schließe es in den Namen ein.[4]

Laß den Namen dein Herz nach und nach durchdringen, bis alle Gedanken und Gefühle eins werden und sich in ihm verschmelzen. Laß den Namen seine Anziehungskraft ausüben.[5]

Dabei kann sich die Anrufung des Namens schließlich vereinfachen bis auf das eine Wort: JESUS. Wie der Autor der Wolke des Nichtwissens kann man auch hier sagen: »Nimm dieses Wort so tief in dich hinein, daß es nicht verklingt, was auch kommen mag.«

Gerade zur letzten Möglichkeit schreibt ein orthodoxer Mönch unserer Tage: »Diese letzte Form ist die älteste Art der Anrufung des Namens ... Der Name Jesus wird entweder ausgesprochen oder still gedacht. In beiden Fällen geschieht eine wirkliche Anrufung des Namens, im ersten Fall mündlich, im zweiten innerlich. Dieses Gebet gewährt einen leichten Übergang vom mündlichen zum inneren Gebet. Bereits die langsame und bedenkende mündliche Wiederholung des Namens führt zum inneren Gebet und bereitet die Seele auf die Kontemplation vor ... Die Anrufung des Namens kann überall und jederzeit geschehen. Wir können den Namen Jesu auf der Straße, an unserem Arbeitsplatz, in unserem Zimmer, in der Kirche usw. aussprechen ... Neben diesem durch keine Regel begrenzten und bestimmten Beten des Namens ist es gut, gewisse Zeiten und Orte für eine ›regelmäßige‹ Anrufung des Namens auszuwählen ... Für Anfänger sind sie durchaus notwen-

[4] Das Jesusgebet, op. cit. Nr. 10.
[5] Das Jesusgebet, op. cit. Nr. 29.

dig. Wenn wir also täglich eine bestimmte Zeit für die Anrufung des Namens festgesetzt haben, sollte sie – soweit die Umstände dies erlauben – an einem einsamen und ruhigen Ort geübt werden ... Die beste Haltung ist dabei jene, die am meisten körperliche Ruhe und innere Sammlung verschafft. Hilfreich kann auch eine demütige, das Gebet versinnbildende Haltung sein.
Bevor du mit dem Aussprechen des Namens Jesus beginnst, komme zur Ruhe und sammle dich und erbitte den Antrieb und die Führung des Heiligen Geistes. Der Name Jesus kommt erst in ein Herz, wenn es zuvor von dem reinigenden Hauch und der Flamme des Geistes erfüllt wurde (vgl. 1 Kor 12,3) ...
Vor Beginn des Gebetes stelle dich in Ehrfurcht in die Gegenwart Gottes, bis zum Bewußtwerden und Erfühlen seiner Nähe, und erzeuge im Herzen den lebendigen Glauben, daß Gott dich sieht und bereit ist, dich zu erhören. Bringe dir auch zum Bewußtsein, wer Gott ist und wer du selbst bist.«[6]
»Beginne damit, den Namen Jesus ehrfürchtig und liebend auszusprechen. Bleibe fest dabei. Wiederhole ihn. Denke nicht daran, daß du jetzt den Namen anrufst; denke allein an Jesus. Sprich langsam, sanft und ruhig seinen Namen aus ... Verbissene Anstrengung und die Suche gesteigerten Erlebens werden nutzlos sein ...«[7]
Alles beruht auf einem freien, bewußten Hinwenden zu Gott ... Suche die Macht des Jesus-Gebetes im Hinwenden von Herz und Verstand zu Gott.[8]
Zur Zeit des Gebetes verweile der Verstand im Herzen,

[6] Alla Selawry, Das immerwährende Herzensgebet, S. 89 (siehe Literaturhinweise zum Jesusgebet).
[7] Das Jesusgebet, op. cit. Nr. 9 u. 10.
[8] Alla Selawry, op. cit. S. 61.

bewege sich darin und bete aus Herzenstiefen zu Gott. Darin liegt alles (Theophan der Eremit).[9]
Lasse dich dadurch nicht anfechten, daß du das Gebet anfangs nur mit der Zunge sprichst, die Gedanken umherirren und die Trägheit dich übermannt.[10]
Das häufige Anrufen Christi bildet den Vorhof des Betens.[11]
»Bei der ... Anrufung des Namens sollte ein wörtliches Wiederholen nicht durchgängig sein. Der einmal ausgesprochene Name sollte in darauffolgenden Sekunden oder Minuten stiller Ruhe und Aufmerksamkeit weiterklingen. Die Wiederholung des Namens ist dem Flügelschlag des Vogels, der sich in die Lüfte erhebt, vergleichbar. Es darf nie anstrengend und gezwungen, hastig oder geräuschvoll sein. Es muß fein, leicht und – in des Wortes tiefster Bedeutung – gnadenhaft anmutig sein. Wenn der Vogel die erstrebte Höhe erreicht hat, gleitet er in seinem Flug dahin, und nur von Zeit zu Zeit schlägt er mit seinen Flügeln, um sich in der Luft zu halten. So kann auch die Seele, die den Gedanken an Jesus in sich aufgenommen hat und erfüllt ist mit dem ›An-ihn-Denken‹, die Wiederholung des Namens lassen und in unserem Herrn ruhen. Die Wiederholung sollte nur in dem Falle wiederaufgenommen werden, wenn andere Gedanken den Gedanken an Jesus zu verdrängen drohen. Dann beginne die Anrufung von neuem, um frischen Aufschwung zu gewinnen ... Denken wir nicht, nachdem wir eine gewisse Zeit für die Anrufung des Namens verwendet und dabei nichts ›gefühlt‹ haben, daß unsere Zeit vertan und unsere Anstrengung

[9] Alla Selawry, op. cit. S. 81.
[10] Alla Selawry, op. cit. S. 78.
[11] Alla Selawry, op. cit. S. 79.

fruchtlos sei. Im Gegenteil, dieses scheinbar taube Gebet war möglicherweise Gott wohlgefälliger als die Augenblicke unseres Hingerissenseins, denn es war frei von jeder ichbezogenen geistigen Freude ... Wir sollten deshalb darin aushalten, jeden Tag regelmäßig eine bestimmte Zeit für die Anrufung des Namens zu verwenden, auch wenn es uns scheint, daß das Gebet uns kalt und trocken läßt ... Die Anrufung des Namens läßt uns überdies selten in einem Zustand der Trockenheit. Jene, die einige Erfahrung haben, stimmen darin überein, daß sie oft von einem Gefühl innerer Freude, von Wärme und Licht begleitet ist ...

Zur Anrufung des Namens dürfen wir nicht durch irgendeine Laune oder eine willkürliche Entscheidung kommen. Dazu müssen wir berufen sein, Gott muß uns hinführen ... Eine geistliche Übung wird ... mit der bloßen Gründung auf einer Launenhaftigkeit elend zusammenbrechen. So sollten wir unter der Führung des Heiligen Geistes zum Namen Jesus geführt werden. Dann wird die Anrufung des Namens in uns eine Frucht des Geistes selbst sein.«[12]

Die Übung des Jesusgebetes soll schließlich dazu führen, daß der Mensch mehr und mehr in Gottes Gegenwart lebt: Lebe vom Aufwachen bis zum Einschlafen in GOTT-Gegenwart, im Bewußtsein, daß er dich sieht.[13]

Der Weg ins Schweigen hinein ist wohl nur durchzuhalten aus der Überzeugung, daß in dem »blinden« Sich-ausstrecken nach Gott etwas mit dem Beter geschieht, das nicht von ihm gemacht ist. Johannes Tauler spricht wie andere geistliche Autoren von den Zwei-

[12] Im Namen Jesu ist Heil, von einem Mönch der Ostkirche, Innsbruck ²1966.

[13] Alla Selawry, op. cit. S. 91.

feln und Anfechtungen, die man auf einem solchen Weg zu gewahren hat: »Dann kommt die Vernunft, die nach einem Gegenstand für ihre Tätigkeit sucht, weiterhin deine eigene Vernünftigkeit und spricht: ›Womit beschäftigst du dich? Du solltest anderes vornehmen: Du versäumst deine Zeit: Du solltest betrachten und beten‹. Sodann der Feind: ›Warum sitzt du hier? Du solltest irgendeine geistliche Übung machen: steh auf; du verlierst deine Zeit; tu dies oder jenes gute Werk!‹ Schließlich kommen die ungeschliffenen Menschen und sagen: ›Was sitzt du hier und hörst nicht Gottes Wort?‹ Das sind alles Jagdhunde; und du selbst wirst einer und bellst dich selber an ...«[14]

Das größte Hindernis für den Weg des Schweigens ist die instinktive Vorahnung der »Folgelasten«, die die Stille mit sich bringt: Das Treubleiben der Erfahrungen, die sich beim Beter nach und nach einstellen. »Es ist leicht zu üben, aber es ist schwer, ein Übender zu bleiben« (Karlfried Dürckheim).

1. Der theologische Kontext des Jesusgebetes

Das Jesusgebet nimmt in den Schriften des heiligen Gregor vom Sinai eine zentrale Stelle ein. »Was ist Gebet?«, so fragt er und sagt schließlich: »Beten ist Gott, der alles in allen (Menschen) wirkt.« Beten ist Gott. Im tiefsten und vollsten Sinn ist Beten nicht unser eigenes Tun, sondern das Handeln eines anderen in uns. Es sind nicht wir, die beim Gebet durch unsere eigenen hilflosen Bemühungen den Verstand in unserem Herzen sammeln, sondern der uns einwohnende Tröster. Ohne

[14] Emmanuel Jungclaussen, Der Meister in Dir, op. cit. S. 122.

ihn können wir nichts erreichen. Keiner kann von sich aus seinen Verstand unter Kontrolle bringen, wenn das nicht vom Heiligen Geist geschieht.

Wahres Beten ist also ein Beten, das der Herr Jesus und der Heilige Geist in uns dem Vater darbringen. Gebet ist die Manifestation, die Offenbarung der Taufe. Da das Beten Gottes Handeln in uns ist und da Gott durch das Sakrament der Taufe in unseren Herzen wohnt, ist das Gebet wesentlich die Entdeckung und Entfaltung der Taufgnade. Das Ziel unseres Gebetslebens ist es, diese göttliche Gegenwart in uns zum Leuchten zu bringen, die Hindernisse der Sünde zu überwinden, so daß die Taufgnade in unserem Herzen sich voll auswirken kann. Beten heißt also, das zu werden, was wir schon sind, das zu erreichen, was uns schon gegeben ist: von Angesicht zu Angesicht dem zu begegnen, der in unserem Innersten selbst wohnt. Das gesamte asketische und kontemplative (mystische) Leben ist schon im Sakrament der Taufe enthalten.

Das ist die grundlegende theologische Orientierung für das Jesusgebet beim heiligen Gregor. Gebet ist Gott in uns; Gott, der in unseren Herzen durch die Taufe wohnt. Beten ist: vom Zustand der Taufgnade, die verborgen und unbewußt in uns gegenwärtig ist, überzugehen zu ihrer vollen, bewußten Wahrnehmung, wobei wir das Wirken der Gnade direkt und unmittelbar in uns erfahren. Gregor sagt, daß die Taufgnade und die Gegenwart des uns einwohnenden Gottes wiederentdeckt wird durch asketisches Bemühen und durch das Jesusgebet. Der erste Weg ist der des sogenannten »aktiven Lebens«, den Gregor selbst gegangen ist, bis er dem Mönch Arsenios auf Kreta begegnete. Der andere Weg ist der des Gebetes, das vor allem charakterisiert wird als Erinnerung an Gott. Damit ist das ununterbrochene Anrufen des Namens Jesus gemeint. Genaugenommen sind beide Wege keine Alternativen. Das »aktive Leben« ist nicht ein Zustand, durch den man hindurchgeht, so, als könne man ihn dann ein für allemal hinter sich lassen. Gregors Anliegen ist, daß wir uns nicht nur auf der aktiven Ebene abmühen, weil es noch eine weitere Dimension des geistlichen Lebens gibt, in die wir auch eintreten können.

2. Der Weg zum Herzen

a) *Äußere Hilfen für das Jesusgebet*

- Zur *Sammlung und Konzentration* bei der ausdrücklichen Übung des Jesusgebetes, d. h. wenn unsere ganze Aufmerksamkeit nur darauf ausgerichtet ist, den heiligen Namen anzurufen, wird ein abgedunkelter und geräuscharmer Raum empfohlen.
- Oft wird eine Gebetsschnur (Komvoschoinon) verwendet. Sie hilft darüber hinaus, einen gleichmäßigen Gebetsrhythmus zu finden.
- Nach Möglichkeit soll man eine leibliche Haltung einnehmen, die einerseits körperliche Ruhe und Gelassenheit sowie geistige Präsenz fördert, andererseits Ausdruck der Ehrfurcht vor dem Geheimnis Gottes ist.
- Russische Lehrer des Jesusgebetes empfehlen, bei der Anrufung des heiligen Namens zeitweilig die rechte Hand auf das Herz zu legen.
- Es kann auch eine Hilfe sein, die Anrufung des heiligen Namens mit dem Rhythmus des Atems oder des Herzschlags zu verbinden. Dabei ist jedoch große Umsicht geboten. Die Einwirkung auf unbewußte körperli-

che Prozesse verlangt die persönliche Anleitung und Begleitung eines Erfahrenen.
Der heilige Gregor ist mit der sogenannten »physischen Methode« vertraut. Sie findet sich zum ersten Mal klar beschrieben in einem Text »über die drei Weisen von Aufmerksamkeit und Gebet.« Dieser Text wird dem heiligen Simon dem neuen Theologen (11. Jahrhundert) zugeschrieben, stammt aber vermutlich vom heiligen Nikephorus dem Einsiedler (14. Jahrhundert). Er war der geistliche Vater des heiligen Gregor Palamas, des größten Theologen des Jesusgebetes. Seine Beschreibungen basieren vermutlich auf einer Praxis, die schon lange vor ihm in Übung war. Die russischen Lehrer des Jesusgebetes, vor allem der heilige Theophan der Klausner und Ignatius Brianchaninow, sind der »physischen Methode« gegenüber sehr zurückhaltend. Sie warnen eher davor. Trotzdem läßt sich folgendes sagen:
1. Die Atemübungen sind etwas Zusätzliches, eine Hilfe zur Sammlung, hilfreich für einige, aber nicht verpflichtend für alle. Sie sind in keiner Weise ein wesentlicher Teil des Jesusgebetes. Es kann ohne diese Atemübungen in seiner ganzen Fülle gebetet werden. Nach dem heiligen Gregor sollen die Atemübungen lediglich helfen, den Verstand zu sammeln. Sie seien hauptsächlich für Anfänger eine Hilfe.
2. In sich selbst basiert die physische Methode auf einem vollkommen gesunden theologischen Prinzip, nämlich daß der Mensch ein Ganzes ist, eine Einheit von Leib und Seele, und daß deshalb auch der Leib eine positive Rolle beim Gebet zu spielen hat. Doch bleibt zu beachten, daß die Atemübungen schädlich sein können, wenn sie in falscher Weise praktiziert werden.
- Um den ruhelosen Strom von Gedanken, Bildern

und Vorstellungen zu »bändigen«, hilft es meist eher, sie nicht direkt zu bekämpfen und durch Willensanstrengung gewaltsam auszutreiben oder zu unterdrükken. Sie neigen sonst dazu, mit vermehrter Kraft zurückzukehren. Man soll sich vielmehr bemühen, die Aufmerksamkeit von ihnen wegzulenken und auf den Herrn zu richten. »Wende dich an den Herrn um Hilfe gegen sie, indem du deine Hilflosigkeit vor ihm ausbreitest, denn er ist fähig, sie auszutreiben und zunichte zu machen« (Barsanuphios und Johannes von Gaza).

b) *Die innere »Technik« des Jesusgebetes: ununterbrochenes und bildloses Beten*

Der heilige Gregor betont immer wieder zwei Dinge:

1. Die Anrufung soll, soweit wie nur möglich, ununterbrochen sein, und zwar regelmäßig und rhythmisch, ruhig und beständig.
2. Sie soll leer von allen bildhaften Vorstellungen sein.

Das ununterbrochene und regelmäßige Anrufen des heiligen Namens kann in der Form des mündlichen Gebetes geschehen oder nur im Geiste. Anfänger sollen das Jesusgebet langsam, sanft und ruhig sprechen. Jedes Wort soll mit Sammlung und ohne Hast und doch ohne unangemessene Betonung gesagt werden. Das Gebet soll in einer sanften, natürlichen Weise fließen. Wir müssen immer beten mit einer inneren Aufmerksamkeit und Konzentration, aber gleichzeitig soll damit keine Anstrengung, keine selbstverursachte Intensität oder künstliche Emotion verbunden sein. Nach jeder Gebetsformel soll man eine kleine Pause machen, bevor man neu beginnt. Das wird dazu beitragen, daß der Geist aufmerksam bleibt.

Großes Gewicht legt Gregor auf den zweiten Punkt.

»Halte deinen Verstand stets frei von Bildern, Farben und Formen jeder Art!« Er warnt vor der menschlichen Vorstellungskraft oder der Phantasie. »Sonst bist du eher ein Phantast als ein Hesychast.«
Das Jesusgebet ist also nicht eine Weise, besondere Ereignisse aus dem Leben Jesu zu meditieren. Es ist eher eine Methode, die Gedanken zu kontrollieren, die Aufmerksamkeit zu konzentrieren und den Geist wachzuhalten, um ihn schließlich *ins Herz* zu führen.
Unter normalen Bedingungen ist unsere Aufmerksamkeit über eine Fülle äußerer Gegenstände und Inhalte zerstreut. Um also zum wahren Beten des Herzens zu kommen, muß unser Geist geeint werden. Er muß vom Fragmentarischen zum Ganzen, von der Vielfalt zur Einheit und Einfachheit gebracht werden. Nur so wird er nach und nach fähig, ins Herz einzugehen und dort zu bleiben. Das ist das Ziel des Jesusgebetes. »Durch die Erinnerung an Jesus«, sagt der heilige Philotheos vom Sinai, »sammle deinen zerstreuten Geist!« »Um das beständige Andrängen deiner Gedanken zu beenden«, sagt Theophan der Klausner, »mußt du deinen Geist binden mit einem einzigen Gedanken oder dem Gedanken des Einen« – dem Gedanken an den Herrn Jesus. Deshalb ist das Jesusgebet sowohl *ununterbrochen als auch bildlos.* Nur so kann es wirksam die Aufgabe der Vereinigung und Vereinfachung erfüllen. Nach dem heiligen Gregor wird durch die Erinnerung an Gott, durch die Anrufung des Namens unser Gedächtnis befähigt, zu seiner ursprünglichen Ganzheit zurückzukehren.

c) *Drei Ebenen*

Man kann beim Jesusgebet drei Ebenen unterscheiden, die sich gegenseitig durchdringen:

- *das mündliche Gebet* oder das Gebet mit der Zunge und mit den Lippen, wenn also die Anrufung des Namens Jesus mit dem Mund geformt wird;
- *das Gebet des Geistes* oder das geistige Gebet, wenn die Anrufung des Namens Jesus allein im Geist geschieht. Hier hat das Jesusgebet schon seinen Rhythmus gefunden;
- *das Gebet des Geistes im Herzen* oder das Herzensgebet, wenn die Anrufung des Namens Jesus Eingang ins Herz gefunden hat, wenn der Geist ins Herz hinabgestiegen ist. Die Vereinigung des Geistes mit dem Herzen führt den Menschen zur Erneuerung seiner ursprünglichen Ganzheit. Das Herz ist der »Ort«, wo sich Urbild und Abbild begegnen.

Beim Herzensgebet wird noch einmal das »angestrengte« vom »selbsttätigen« Gebet unterschieden:

das »angestrengte« Gebet, wenn das eigene, bewußte aszetische Bemühen (noch) im Vordergrund steht = das Gebet, das ich spreche	das »selbsttätige« Gebet, wenn Christus in mir spricht und so das Gebet Geschenk geworden ist	↗ von Zeit zu Zeit ↘ Zustand = immerwährendes Gebet

»Üblicherweise kommt das selbsttätige Gebet des Herzens, wenn überhaupt, nur nach der Dauer eines lebenslangen aszetischen Ringens. Es ist das freie Geschenk Gottes, das er gewährt, wie und wann er will, und nicht das unausbleibliche Ergebnis einer bestimmten Technik« (Ware).

3. Die Wirkungen des Jesusgebetes: freudvolle Trauer, Wärme und Licht

- Der wahre Anfang des Gebetes, so schreibt der heilige Gregor vom Sinai, ist *ein Gefühl von Wärme im Herzen.* Damit meint er eher eine spirituelle als eine rein physische Wahrnehmung. Aber diese spirituelle Erfahrung scheint physische Außenwirkungen zu haben. Er unterscheidet drei Arten von Wärme, eine natürliche körperliche Wärme, eine unnatürliche und sündige Wärme und eine spirituelle Wärme als Frucht von Gnade. Wie sind sie zu unterscheiden? Das Hauptkriterium ist nach Gregor *ein Gefühl von Ganzheit.* Wenn die Wärme von Gott ist, ist überhaupt kein Zweifel zu spüren, sondern ein volles inneres Vertrauen und eine ruhige Gewißheit. Selbsterfahrung und Wahrnehmung werden es uns offenbaren. Das Gefühl von Wärme sollte gänzlich frei sein von visuellen Bildern und Formen.
- Eine weitere Auswirkung des Jesusgebetes ist ein Gefühl von *Freude und Trauer zugleich* (charmolýpä), Freude über Gottes Barmherzigkeit und Trauer über die Erfahrung von Sünde und Schuld.
- In Andeutung spricht Gregor noch von der Erfahrung *göttlichen Lichts* (théosis), wodurch der Mensch wahrhaft wieder zu Gottes Ebenbild wird. Das göttliche Licht weist sich durch sich selbst aus: Dieses Licht läßt jedes Ding und jede Person deutlich in seinem bzw. ihrem einzigartigen und unwiederholbaren Wesen erscheinen. Gleichzeitig macht es jedes Ding und jede Person so transparent, daß Gottes Gegenwart (jenseits ihrer Grenzen) sich in ihnen zeigt.
- Das hat eine veränderte Beziehung zur Welt und zum

Mitmenschen zur Folge, große Klarsicht, ein Erfassen der tiefen Charakterzüge eines Menschen und eine außerordentliche Fähigkeit zum Mitleiden.

- Schließlich zeigt sich eine unmittelbare, persönliche Freundschaft und Verbundenheit mit dem Herrn und eine schmerzliche Sehnsucht, auf immer vollständigere Weise am göttlichen Leben teilzuhaben.

Der heilige Gregor vom Sinai war tief verwurzelt in der geistlichen, in der mystischen Tradition der Kirche des Ostens.

Durch ihn kam es zu einer Wiederbelebung dessen, was lange vorher gelehrt wurde, aber in seinen Tagen weitgehend vergessen war. Er setzte die größte mystische Renaissance in der ganzen byzantinischen Geschichte in Bewegung.

Drei wichtige Charakteristika

Drei Besonderheiten des Jesusgebetes verdienen besondere Erwähnung; sie erklären seine weite Verbreitung:

1. Das Jesusgebet bringt in *einem* kurzen Satz zwei wesentliche Aspekte christlicher Frömmigkeit zusammen: Anbetung und Reue. Das Wissen um Gottes Herrlichkeit und das Bewußtsein der eigenen Unwürdigkeit und Sünde – beides ist im Jesusgebet ganz lebendig gegenwärtig. Beide Momente sind vereint im dritten Moment: der Bitte um Erbarmen. Sie ist Ausdruck der eigenen Erlösungsbedürftigkeit und lebendiger Hoffnung.
2. Das Jesusgebet ist ein stark christologisches Gebet: Es richtet sich an Jesus, den Mensch-gewordenen und betont zugleich seine Gottheit.
3. Das Jesusgebet ist von äußerster Einfachheit. Es kann praktisch von jedem gebetet werden. Man braucht

keine spezielle Kenntnis und keine besondere Vorbereitung. Man braucht sich nur zu sammeln und still zu werden und um die Inspiration und Führung des Geistes zu bitten. Man kann es auch in Situationen der Zerstreutheit beten, wenn komplizierte Formen des Gebets unmöglich geworden sind.

Zusammenfassung

1. Beten will mich schließlich dahin führen, mit Leib, Seele und Geist, mit der ganzen Breite meiner Lebenserfahrung mich dem *Wort* und *Geheimnis Gottes* ohne Vorsicht und ohne Rücksicht zu überlassen.
2. Deshalb gehört es zu jeder Gebetsübung, daß ich versuche, alles loszulassen, was mich an einer ganzheitlichen und ungeteilten Ausrichtung auf Gott hindert.
3. Es ist für rechtes Beten unerläßlich,
- die Heilige Schrift zu lesen,
- mit dem Verstand und mit dem Herzen ihren »geistlichen Sinn« zu erfassen suchen,
- auch wahrzunehmen, welche Stimmungen und Gefühle das Wort der Heiligen Schrift in mir auslöst,
- die Beziehung zwischen meinen Erfahrungen und den Glaubenserfahrungen der Heiligen Schrift herzustellen,
- mein Leben zu »ordnen«.

4. Wenn ich spüre, daß mein Beten das Denken los-lassen möchte, daß die Bewegungen der Stimmungen und Gefühle verklingen, ja daß ich ohne Worte beten möchte, einfach da sein »vor« Gott in seinem Blick und mit der Sehnsucht nach IHM – ein Blick der Liebe, der Gedanken, Worte und Gefühle hinter sich läßt –, dann kann das ein Anzeichen dafür sein, mich für einen Weg des Betens zu öffnen und zu entscheiden – den Weg des Schweigens, wie er in der kirchlichen Gebetstradition vorgezeichnet ist.
5. Auf diesem Weg ist *geistliche Begleitung* vonnöten.

Gebet und Alltag

Als Abschluß seien drei Empfehlungen genannt, wie Gebet und Alltag miteinander in Einklang gebracht werden können.

1. Sehnsucht nach Gott

Wie die großen Beter in der Glaubenstradition seines Volkes, zieht Jesus sich von Zeit zu Zeit aus dem Alltag in die Einsamkeit zurück: »Frühmorgens, als es noch ganz dunkel war, stand Jesus auf, ging hinaus in die Einsamkeit und dort betete er« (Mk 1,35). Oder: »Nach der Speisung der Fünftausend forderte er seine Jünger auf, ins Boot zu steigen und ans andere Ufer nach Bethsaida vorauszufahren. Er selbst wollte inzwischen das Volk wegschicken. Nachdem er sich von den Leuten verabschiedet hatte, ging er auf den Berg, um zu beten« (Mk 6,45f).

Jesus sucht das Schweigen, jene Stille,
die der Urstoff des Gebetes ist.
Er sucht das Schweigen, um unter den vielen Stimmen
das Wort des VATERS zu erkennen.
Er sucht das Schweigen, jene Einsamkeit,
um verfügbar zu bleiben
unter dem Wort des VATERS.

Wer kommt aus ohne diese Zeiten der physischen
Ruhe,
der Stille und des Schweigens
in der Unruhe und dem Lärm des Alltags,

in dem Netz von Erwartungen und Ansprüchen,
das andere über einen werfen?

Wer kann sich sonst zurechtfinden
in den Sorgen und im Übermaß an Tätigkeit,
in dem Geflecht von Pflichten und eigenen Wünschen,
in den Grenzen von Konvention und persönlicher Entfaltung?

Wer kann sonst erkennen,
wo er tatsächlich seine Akzente setzt?
Wer kann sonst unterwegs bleiben
im Horizont einer Verheißung,
deren Licht ihn getroffen hat?

Jesus hat dieses lebensnot-wendige Gesetz aktiver Distanz befolgt und immer wieder Zeiten gefunden, da er sich von allem und von allen zurückzog, um die Nähe und Gemeinschaft mit dem Vater zu suchen. Sein Leben und Wirken ist nur aus dieser tiefen Verbundenheit heraus zu verstehen.
René Voillaume, der langjährige Prior der »Kleinen Brüder Jesu«, sagt in einem Kapitel über »Das Gebet der Armen«: »Alle Lebensvorgänge in der Welt ... geschehen in einem bestimmten Rhythmus ... von Ruhe und Arbeit. Die Lebenserfahrung muß es als eine Gefahr betrachten, wenn *eine* Bewegung dieses Rhythmus' auf Kosten der anderen übermäßig vollzogen wird. Auch das Leben mit Gott und das Gebet können sich diesem rhythmischen Gesetz und seinen Folgen nicht entziehen. Die Lebensweise unserer Gemeinschaften und die der Armen, die eingespannt sind in den Sorgen des Alltags, enthält ihre eigenen Gefahren ... Die Lahmlegung der Intelligenz wird eine gewisse Schwerfälligkeit des Wil-

lens verursachen. Ein Übermaß an körperlicher Anstrenung kann möglicherweise die Selbstbeherrschung eines ausgeglichenen Nervensystems beeinträchtigen. Die ständige Unruhe und der Lärm werden mit der Zeit auch das innere Schweigen des Herzens zerstören. Wir müssen also *unbedingt* regelmäßige Zeiten finden, wo wir über unseren Glauben, über das Evangelium und über uns selbst nachdenken können, wenn wir uns nicht über unseren inneren Zustand täuschen wollen. In unseren Gemeinschaften ... müssen regelmäßig wiederholte Zeitabschnitte der physischen Ruhe, der Stille und des äußeren Schweigens eingelegt werden. Ein solcher Rhythmus entspricht den natürlichen Gesetzen Eures Menschseins. Auch Jesus hat für sich selbst von dieser Notwendigkeit gewußt und ihre Ansprüche geachtet. Die ... Jahre seines öffentlichen Wirkens enthalten ... nächtliches oder morgendliches Sich-zurückziehen in die Einsamkeit, wo er in Frieden betete oder sich auch mit den Aposteln zurückzog, um einige Tage auszuruhen.«

Voillaume schreibt seinen »Kleinen Brüdern« weiter: »An dieser Stelle möchte ich Euch an das Große Gebot der wöchentlichen Ruhe erinnern, das Gott den Menschen vom Ursprung der Welt an auferlegte: die Ruhe am siebten Tag ist ein so wesentlicher Rhythmus, daß die Schöpfung von Gott seit dem Augenblick ihres Erwachens davon geprägt wurde ... Spüren wir nicht, daß es sich hier um ein besonders ernstes und schwerwiegendes Gebot handelt? Sein Übertreter wurde mit dem Tode bestraft, als habe er gegen ein leben-diges Wesen gefrevelt. Dieser Rhythmus der Ruhe ist heilig, ... so sehr, *daß die Nichtbeobachtung dieses Gesetzes im Menschen eine Entstellung des Gottesbildes nach sich zieht ...*

(Wir haben) den Sinn für dieses göttliche Gesetz verloren ... Einem so lebensnotwendigen Gebot ungehorsam zu sein, hat schwere Folgen. Ihr müßt Euch anstrengen, Kleine Brüder, den Geist dieses Gebotes besser zu achten ... Ihr werdet nicht immer die Möglichkeit finden, dieses Gesetz in seinem ganzen Umfang zu beobachten. Aber Ihr müßt Euer Möglichstes tun. Ich weiß nicht, ob Ihr das immer getan habt. Ich habe wirklich Angst um Euch, Angst vor diesem Übermaß an Tätigkeit, das es dem Menschen fast unmöglich macht, eine Ruhepause einzuschalten, und ihn veranlaßt, ständig eine Arbeit der anderen folgen zu lassen ...
Manche Arbeitsbedingungen sind *unvereinbar* mit der Entfaltung eines Christenlebens ... *Wir können ... nur dort bleiben, wenn wir es erreichen, daß man die notwendigen Bedingungen für unser Gebetsleben achtet ...«*
René Voillaume sagt dann, wie ein christlicher Lebensrhythmus bei den der Kleinen Brüdern aussehen soll:

- jede Woche einen halben Tag des Schweigens, der Lesung und des Gebetes,
- jeden Monat einen Einkehr- und Ernneuerungstag,
- jedes Jahr Exerzitien.

Das versteht sich außer den täglichen Gebetszeiten, vor allem der »stillen Stunde« vor dem Allerheiligsten.
Er sagt den »Kleinen Brüdern«: »Sicher werden die Forderungen der Arbeit und der Liebe manchmal dazwischenkommen. Hier bedarf es der Elastizität, das wißt Ihr aus Erfahrung, aber haltet das Prinzip fest! Es wird Euch manchmal so gehen wie dem Herrn, daß Ihr bis an den Ort Eurer Einkehr verfolgt werdet und den kaum begonnenen Tag der Sammlung opfern müßt. Jesus ließ sich aus der Zurückgezogenheit holen und kam geduldig wieder, um sich erneut zum Gefangenen der Menge

machen zu lassen. Aber das hinderte ihn nicht, bei der nächsten Gelegenheit sich wieder abzusetzen. ›Vor Anbruch des Tages erhob er sich, ging hinaus und begab sich an einen einsamen Ort. Und dort betete er.‹«[1]
Ein Leben wird schal ohne diese Zeiten der Stille und des Schweigens, des Innehaltens und Verweilens, wo wir alles loslassen, wo alle Beschäftigung gleichsam zusammensinkt und wo wir uns in gesammelter Aufmerksamkeit dem Wort und Geheimnis Gottes ohne Vorsicht überlassen. In diesen stillen Zeiten können unsere Lebensquellen ihre Klarheit wiedergewinnen. Sie versorgen jene Stunden, in denen unser Glaube, unsere Hoffnung und unsere Liebe sich aufbrauchen und kraftlos werden.

2. »Bring ein Stück Wüste in dein Leben!«

Wie kann man sich im Alltag den Raum aktiver Distanz, diese Zeiten gesammelter Aufmerksamkeit »vor« Gott reservieren, damit unsere Energiequellen nicht versiegen? Viele haben kaum Zeit dafür und sehen wenig Möglichkeiten.
Madeleine Delbrêl, die mehr als drei Jahrzehnte als Christin in einem atheistischen Milieu gelebt hat, sagt einmal: »Gott schenkt uns jeder Zeit *unsere Möglichkeit* zu beten, aber diese entspricht nicht immer *unseren Vorstellungen* vom Gebet. Wir haben sicher die *Zeit,* so zu beten, wie Gott will, daß wir beten, vielleicht fehlt sie uns bloß, um nach unserer Vorstellung zu beten.« Dann vergleicht sie die Möglichkeiten, wie man in einem beschäftigten, umhergeworfenen

[1] René Voillaume, Mitten in der Welt, Freiburg 1960, S. 184–188.

städtischen Leben beten kann, mit Ölbohrungen. Sie sagt: »Um ausreichend Brennmaterial zu haben, hat man früher Tausende von Quadratkilometern Wald abgeholzt und in weitläufigen Systemen unterirdischer Stollen Kohle abgebaut. Aber um eine Ölschicht zu erreichen, braucht man wenig Grundfläche. Man bohrt schmale senkrechte Schächte in die Tiefe, bis die Energiequelle erschlossen ist.«

So ist heutzutage in manchem städtischen Leben das Gebet nur durch Bohrungen möglich, wobei Intensität die Dauer ersetzt. Solch kraftvolles und sichtloses In-die-Tiefe-Gehen strebt zu Gott in konzentrierten Akten des Glaubens, der Hoffnung und der Liebe. Ihre Beharrlichkeit ist wie eine gebrochene Linie, aber ihr wiederholter Vorstoß erreicht die Tiefe zu der Stunde, die Gott bestimmt, an der Stelle, wo er sich einem erschließt.

Man darf allerdings nicht vergessen, daß Bohrungen nicht improvisiert werden. Sie lassen sich noch weniger als die Ausbeutung eines Waldes oder eines Flözes improvisieren. Ist die Ölschicht einmal festgestellt, sucht man den am leichtesten durchdringbaren Grund, plant die technische Installation und verschafft sich Maschinen, deren Stärke dem erwarteten Widerstand entsprechen. Um also in unserem Leben zu bohren und darin Gebetsschächte in die Tiefe zu treiben, gilt es, *im voraus* die verfügbaren Räume zu entdecken und die günstigsten Augenblicke wahrzunehmen, um am besten jene Stunden versorgen zu können, in denen Glaube, Hoffnung und Liebe zu versiegen scheinen.

So ist Madeleine Delbrêl dazugekommen, das Unerläßliche und das Mögliche von Gebetszeiten zu entdecken und auszuloten, die nicht nur zu keinem Konflikt mit dem Leben führten, sondern es lebbarer machten, weil

es mit dem Unersetzbaren ernährt wird, ohne daß es nicht wahrhaft gelebt werden kann.
Man braucht Phantasie und Entschlossenheit, um *seine* Möglichkeiten und Zeiten zum Gebet wahrzunehmen, in denen unsere Lebensquellen ihre Klarheit wiedergewinnen, sonst wird es uns so gehen wie dem Simon und seinen Gefährten: Sie entdecken plötzlich, daß Jesus sich von ihnen zurückgezogen hat. Erst in der Einsamkeit beim Gebet finden sie ihn wieder.
Carlo Caretto sagt in seinem Buch »Wo der Dornbusch brennt«:

»Bring ein Stück Wüste in dein Leben,
verlaß von Zeit zu Zeit die Menschen,
such die Einsamkeit,
um im Schweigen und anhaltenden Gebet deine Seele zu erneuern!
Das ist unentbehrlich ...

Wenn du das nicht suchst,
wenn du das nicht liebst,
mach dir keine Illusionen ...

Nicht allein sein wollen – obwohl man es könnte –,
um die innige Nähe Gottes zu kosten,
ist ein Zeichen, daß es an dem Grundelement
der Beziehung zum allmächtigen Gott fehlt:
an der Liebe.
Ohne Liebe aber ist keine Offenbarung möglich.«

3. Vorgegebene Übungen

Zu der Entschiedenheit, *seine* Möglichkeiten und Zeiten für das Gebet wahrzunehmen, gehört auch die ausdrückliche Absicht, sich in jeder Gebetsübung verändern zu lassen. Diese Intention, sich hineinverwandeln zu lassen in die Gesinnung, die dem Leben in Christus Jesus entspricht (Phil 2,5), wird aber vergeblich sein, wenn einer sich nicht kontinuierlich *vorgegebenen* Übungen unterzieht, d. h. Übungen, die der Beliebigkeit des Übenden entzogen und unabhängig von seiner augenblicklichen Gestimmtheit sind.

Pablo Casals schreibt in seinen Lebenserinnerungen: »Die letzten achtzig Jahre habe ich jeden Morgen auf dieselbe Weise begonnen, nicht etwa mechanisch, aus bloßer Routine, sondern weil es wesentlich ist für meinen Alltag: Ich gehe ans Klavier und spiele zwei Präludien und zwei Fugen von Bach. Anders kann ich es mir gar nicht vorstellen. Es ist so etwas wie ein Haussegen, aber es bedeutet mir noch mehr: die immer neue Wiederentdeckung einer Welt, der anzugehören ich mich freue. Durchdrungen von dem Bewußtsein, hier dem Wunder des Lebens selbst zu begegnen, erlebe ich staunend das schier Unglaubliche: ein Mensch zu sein. Diese Musik ist niemals dieselbe für mich, niemals! Jeden Tag ist sie wieder neu, phantastisch, unerhört ...«

Das ist so eine vorgegebene Übung im Alltag, die den Übenden in der Bewegung des Lebendigen hält. Was immer bei uns die vorgegebene Gebetsübung sein mag, ob es der Rosenkranz ist oder das Offizium, das Jesusgebet oder die Schweigemeditation oder was auch immer, entscheidend ist, daß wir uns regelmäßig in ein Übungsgeschehen hineinbegeben, ganz gleich, ob es unserer momentanen Stimmungslage entspricht oder nicht – eine Übung, die »zweckfrei« ist. Es bleibt nicht ohne Folgen, wenn einer diesen »Raum« der inneren Stille und Verwandlung verkommen läßt, wenn er das lebensnotwendige Gesetz aktiver Distanz vernachlässigt.

Literaturhinweise zu Gebet und Schriftmeditation

Ägid von Broeckhoven, Freundschaft in Gott, Einsiedeln [2]1972
Carlo Caretto, Wo der Dornbusch brennt, Freiburg [2]1973
Madeleine Delbrêl, Gebet in einem weltlichen Leben, Einsiedeln 1974
Ulrich Dobhan, Teresa von Avila. Gotteserfahrung und Weg in die Welt, Olten 1979
Peter Köster, Lebensorientierung an der Bibel, Stuttgart [2]1978
ders., Geladen zum Fest des Lebens, Mainz 1982
André Louf, In uns betet der Geist, Einsiedeln 1974
Ignatius von Loyola, Geistliche Übungen. Übertragung und Erklärung von Adolf Haas, Freiburg 1975
ders., Geistliche Übungen und erläuternde Texte, übersetzt und erklärt von Peter Knauer, Leipzig 1978
Otto Hermann Pesch, Sprechender Glaube, Mainz 1970
ders., Das Gebet, Augsburg 1972
René Voillaume, Mitten in der Welt, Freiburg 1960

Literaturhinweise zum Weg des Schweigens nach dem Autor der »Wolke des Nichtwissens«

* *The cloud of unknowing,* edited, with an introduction by *James Walsh, S. J.,* preface by *Simon Tugwell, O. P.* in the Classics of Western Spirituality, New York 1981
dass., translated into modern English with an introduction by *Clifton Wolters,* Pinguin 1976

The cloud of unknowing and the Book of Privy Counselling, newly edited, with an introduction by *William Johnston, S. J.,* Image Book 1973
* *Die Wolke des Nichtwissens,* übertragen und eingeleitet von *Wolfgang Riele,* Einsiedeln 1980
* besonders zu empfehlen

Kontemplative Meditation, Die Wolke des Nichtwissens – Einführung und Anleitung hrsg. von *Willi Massa,* Mainz 1974
Der Weg des Schweigens, ein »Brief« zur Anleitung vom Autor der »Wolke des Nichtwissens«, neu hrsg. von *William Johnston.* Deutsche Ausgabe hrsg. von *Willi Massa,* Kevelaer 1974
William Johnston, The Mysticism of the cloud of unknowing, with a Forward by *Thomas Merton,* in: Religions Experience Series No. 8 ²1980
Gerhard Ruhbach/Josef Sudbrack (Hrsg.), Große Mystiker und ihr Wirken, München 1984

Literaturhinweise zum Jesusgebet

Aufrichtige Erzählungen eines russischen Pilgers, herausgegeben und eingeleitet von *Emmanuel Jungclaussen,* Freiburg 1974
Das Jesusgebet. Anleitung und Anrufung des Namens Jesus, herausgegeben und eingeleitet von *Emmanuel Jungclaussen,* Regensburg 1976
Kallistos Ware, Emmanuel Jungclaussen. Hinführung zum Herzensgebet, Freiburg 1982

Alfons Rosenberg, Die Meditation des Herzensgebetes, Ein christlicher Weg der Meditation – mit einer Einführung in Methode und Praxis, Bern/München 1983
Writings from the Philokalia on Prayer of the Heart, translated by *E. Kadloubovsky* and *G. E. H. Palmer,* London [10]1979
The Art of Prayer, an Orthodox Anthology, compiled by Igumen Chariton of Valamo, translated by *E. Kadloubovsky* and *E. M. Palmer* edited with an introduction by Timothy Ware, London [6]1981
Tertyschnikow, Auf dem Wege zu Gott. Leben und Lehre des Starzen Theophan, Leipzig 1978
Das immerwährende Herzensgebet. Ein Weg geistiger Erfahrung, Russische Originaltexte zusammengestellt und übersetzt von *Alla Selawry,* Bern/München 1973
Willi Massa (Hrsg.), Die Höhle des Herzens. Mantra-Praxis und Namensgebet, Kevelaer 1982
Kallistos Ware, Schweigen im Gebet. Was »Hesychia« bedeutet, in: Erbe und Auftrag, Benediktinische Monatszeitschrift (Beuron), 51. Jg., Dezember 1975, S. 427–447
Kallistos Ware, The Jesus Prayer in St. Gregory of Sinai, in: Eastern Church Review IV (1972), S. 3–22